1、江苏省教育科学"十四五"规划重点课题"中华体育精神与大国工匠精神'双线交融'的高职体育课程改革研究"成果（项目编号：T-b/2021/18，项目主持人：王斌）

2、"江苏省青蓝工程资助项目"

高校体育课程思政建设与实证研究

王　斌◎著

北京燕山出版社

图书在版编目（CIP）数据

高校体育课程思政建设与实证研究 / 王斌著 . — 北京 : 北京燕山出版社 , 2023.11

ISBN 978-7-5402-7122-0

Ⅰ . ①高… Ⅱ . ①王… Ⅲ . ①体育教学—教学研究—高等学校②高等学校—思想政治教育—研究—中国 Ⅳ . ① G807.4 ② G641

中国国家版本馆 CIP 数据核字（2023）第 213815 号

高校体育课程思政建设与实证研究

著者：王斌

责任编辑：战文婧　温天丽

封面设计：马静静

出版发行：北京燕山出版社有限公司

社址：北京市西城区椿树街道琉璃厂西街 20 号

邮编：100052

电话传真：86-10-65240430（总编室）

印刷：北京亚吉飞数码科技有限公司

成品尺寸：170mm×240mm

字数：218 千字

印张：13.75

版别：2024 年 4 月第 1 版

印次：2024 年 4 月第 1 次印刷

ISBN：978-7-5402-7122-0

定价：85.00 元

习近平总书记在全国高校思想政治工作会议上的讲话中强调："要坚持把立德树人作为中心环节,把思想政治工作贯穿教育教学全过程,实现全程育人、全方位育人,努力开创我国高等教育事业发展新局面。"随之,全国各地学校相继开展课程思政建设,将课程思政的育人元素融入各类学科中,促进各类课程与课程思政同向同行。课程思政是以构建全员、全程、全课程育人格局的形式将各类课程与思想政治理论课相结合,形成协同效应,把立德树人作为教育的根本任务的一种综合教育理念,它的价值在于将各类课程中所含有的思政元素充分挖掘出来,将其嵌入课程教学中,以潜移默化的方式融入教学过程的各个环节中,从而使非思政课程的育人价值得以强化和实现,最终在传递知识的同时达到育人的功效和目的。随着课程思政理念的提出及其在高校体育课程中的深入渗透,一些高校的体育课程思政建设已经提上日程。体育课程思政是以体育课程为载体,将思政教育元素融入体育课程教学中,构建融体育知识传递、体育能力培养和思政教育于一体的体育教育实践活动。体育课程思政要求在体育教学的全过程中都贯穿思政教育,在向学生传播体育知识、培养学生运动能力的同时引导学生树立正确的世界观、人生观和价值观,潜移默化地立德树人,对思政价值观的引领作用予以强调,在教学过程中渗透社会主义核心价值观,达到体育教育和思政教育的双重效果,实现促进学生全方位发展和提升的目标。在新时代背景下进行高校体育课程思政建设是通过体育课程践行中国特色社会主义核心价值观的必然要求,是解决当前高校体育课程发展困境的有效手段,也是完成立德树人重要任务的重要路径。而且体育课程本身的思政属性就很鲜明，它还具有独特的育人功能，所以说在高校良好的思想政治氛围中进行体育课程思政建设既必要，又可行。基于上述分析，作者在查阅大量相关著作文献的基础上，精心撰写了本书。

本书共九章，第一章解析课程思政与体育课程思政的基本知识与内涵，以正确认识与充分了解本书的研究背景和研究对象。第二章是高校体育课程建设的科学指导，主要分析高校体育课程建设的一般理论与科学方法，并提出优化发展建议，从而保证高校体育课程建设的科学性和实效性，并为体育课程思政建设打好基础。第三章是课程思政视域下高校体育课程教学现状与改革，在分析高校体育课程思政教学现状与问题的基础上，提出常规改革思路及与课程思政相结合的改革创新策略，以优化高校体育教学现状，提高体育教学的思政育人效果。第四章是高校体育课程思政建设理论与路径探索，重点对高校体育课程思政建设的理论基础、建设理念与原则、建设现状与影响因素、建设路径以及建设质量评价展开系统研究。第五章是高校体育课程思政教学设计研究，包括体育课程思政教学目标、教学内容、教学方法以及教学评价的设计，从而为高校体育课程思政教学过程的顺利开展提供科学指导。第六章至第九章主要探讨高校体育课程教学改革与思政建设的案例，包括高校排球课程、网球课程、武术课程和健美操课程的教学改革与课程思政建设。

总体而言，本书具有以下几个特点。

单一，系统性。本书主要对高校体育课程思政建设进行研究，首先分析课程思政与体育课程思政的基本知识，然后对高校体育课程建设理论与方法、课程教学改革进行研究，接着探索体育课程思政建设路径和思政教学设计方案，最后选取具体课程展开实证分析与研究。整体而言，本书结构合理，逻辑清晰，层层推进，具有鲜明的系统性。

第二，实用性。本书在高校体育课程教学改革和体育课程思政建设的研究中，结合教学现状与问题提出了切实可行的改革与发展建议，并构建了体育课程思政建设的理论体系，提出了科学路径，基于科学理论强调实践应用，具有非常重要的实用价值。此外，本书对高校排球课程、网球课程、武术课程和健美操课程的思政建设进行实证研究，提出教学改革意见和课程思政建设方案，同样具有突出的实用性。

第三，创新性。本书结合具有时代意义的课程思政理念探索高校体育课程思政建设、体育课程思政教学设计，对充分发挥体育课程的思政育人功能、培养大学生的综合素养具有重要意义,体现了本书的时代性与创新性。

总之,本书主要围绕高校体育课程教学改革和课程思政建设展开研究,既探讨了对高校课程教学现状的改革与优化,也重点在课程思政理念下探索了高校体育课程思政建设的科学理论与有效路径。期望本书能够为加快高校体育课程思政建设进程、提升高校体育课程育人质量、顺利完成立德树人的根本任务做出贡献。

本书在撰写过程中参考并借鉴了很多专家、学者的研究成果,在此表示诚挚的感谢。由于作者水平有限,书中难免有不妥与疏漏之处,敬请广大读者批评指正。

作　者
2023 年 8 月

目录

第一章

课程思政与体育课程思政解析

　　课程思政是我国结合基本国情,为优化课程建设和实现强国梦的创造之举,是新时代高校课程建设与教学改革的重要理念和方向。高校体育课程具有独特的育人功能,蕴含丰富的思政元素,体育课程与思政教育的融合已是体育课程改革的重要趋势。本章重点分析课程思政与体育课程思政的基础知识和深刻内涵,关于课程思政,主要对其内涵与价值、建设与发展以及育人体系进行阐析;关于体育课程思政,主要分析其内涵与特征、时代意义以及研究概况。

第一节　课程思政的内涵与价值

一、课程思政的概念

课程思政是指以构建全员、全程、全课程育人格局的形式将各类课程与思想政治理论课相结合，形成协同效应，把"立德树人"作为教育的根本任务的一种综合教育理念。课程思政的价值在于将各类课程中所含有的思政元素充分挖掘出来，将其嵌入课程教学中，以潜移默化的方式融入教学过程的各个环节中，从而使非思政课程的育人价值得以强化和实现，最终在传递知识的同时达到育人的功效和目的。

二、课程思政的内涵

课程思政具有丰富的内涵，下面主要从课程思政的本质、理念、结构、思维以及方法五个方面解析课程思政的内涵，如图 1-1 所示。

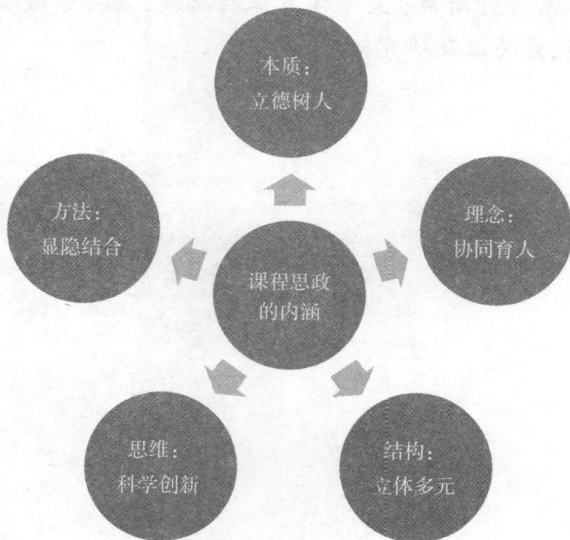

图 1-1　课程思政的内涵

（一）本质：立德树人

从本质上而言，课程思政是一种教育，教育的目标是立德树人。育德是育人的基础和前提，我国教育发展史上一直强调育德的重要性，主张育人、育才要有机统一，这是我国优良的教育传统。育人先育德，育德就是要进行思想政治教育，培养德才兼备的人才，为国家输送道德品质好、专业素养高的全面型人才。在思想政治教育中，要以德"立身""立学"和"施教"，引导学生形成正确的世界观、人生观和价值观，树立科学的民族观、文化观、历史观。总之，通过思想政治教育，要培养德智体美劳全面发展的综合型人才，这才是社会发展所需的人才，是中华民族伟大复兴所需要的建设者和接班人。

（二）理念：协同育人

我国提出课程思政的育人观，主要就是倡导各学科专业课程的教学与思政教育并行，二者同向同行，共同培育全面发展的人才，这充分体现了课程思政的协同育人理念。协同育人是学校教育的重要使命，也是我国教育方针的具体体现。一所学校的教育水平如何，主要通过该学校培育人才、输送人才的数量和质量来衡量，而且所输送的人才应能够成为国家的合格建设者和可靠接班人，能够为实现中国梦做出贡献。可见，学校教育是服务国家和民族的教育，高等教育尤其如此。

（三）结构：立体多元

课程思政是一种多元统一的教育理念，这里的多元包括传授知识、塑造价值和培养能力，将三者有机统一，便形成了结构上立体多元的课程思政。传统教育的结构以传授知识和培养能力为主，相对单一，课程思政的教育结构却是多元的，这是教育结构不断变化和日益完善的表现。传统课程教学中，虽然也强调传授知识、培养能力以及塑造价值，但在课程实施过程中往往将三者割裂开来，不利于培养全面发展的人才。而课程思政实现了三者的统一，使课程教学回归育人本质。

（四）思维：科学创新

当前，我国正处于社会转型的关键时期，处于文化大繁荣、多元文化交织的时代，在这一时代背景下，创新思维和科学思维缺一不可。在新时代，培养大学生的思想政治素质非常重要。要使大学生形成正确的立场，树立正确的观念，以科学的方法分析和解决问题，在学习中善于观察、思考，善于在实践中学习和领悟，对时代的发展方向要有正确的把握，对社会的主流和支流、现象和本质要能够正确辨析，要形成多元思维，包括系统思维、科学思维、历史思维和创新思维。

课程思政将科学思维展现得淋漓尽致，课程思政中体现的科学思维与唯心主义、机械唯物主义相对立，是一种用历史唯物主义和辩证唯物主义的方式看待事物的思维。当前，国际社会上出现众多社会意识形态，这些意识形态在社会不同领域风云变幻，多种社会思潮观念并存且交锋激烈，在这一背景下，我国教育界需要科学思维才能顶住压力，需要加强思政教育才能抵住侵蚀，可见将思政教育融入不同学科课程中非常必要。只有加强思政教育，树立科学思维，才能将牢固的思想防线树立起来，使学生面对各种错误思潮时能够自觉抵制。

课程思政不仅体现了科学思维，还体现了创新思维，强调将思政教育融入除思政理论课以外的其他学科课程中，如果像传统思政教育一样单靠思政理论课教育培养学生的思政素养，显得孤掌难鸣，力量比较单薄。而如果能够在思政理论课之外的其他课程中融入思政教育，在课程思政的实施中树立创新思维，谋求新的出路与发展，创造新的方法与空间，那么思政教育将得到创新发展，思政育人目标也将在更高层次实现。与此同时，在其他学科课程教学中融入思政教育也体现了学科课程的创新，对提高学科课程的实施效果和教学质量也具有重要创新意义。

（五）方法：显隐结合

在人才培养中，要先回答三个根本问题，一是培养什么样的人，二是怎样培养，三是为谁培养。只有明确了这三个问题的答案，才能在坚持社会主义办学方向的基础上明确人才培养方向，提高人才培养质量。人才培养是一个复杂的工程，其中涉及诸多培养体系，包括教材体系、教学体系、管理体系等，而无论是哪个体系，思想政治工作体系都始终贯通其中。可见,在人才培养的蓝图中,思想政治工作必不可少。课程思政的提出也恰好反映了这一点,在人才培养中践行课程思政,围绕思想政治教育对人才培养的目标、内容、模式、方法等进行改革,在各类培养人才的课程实施中,将与政治认同、国家意识、文化自信等思政元素融入知识传授、技能培养中,将知识、技能的显性教育与思想政治隐性教育有机统一,能够培养全面型人才,促进学生全面发展。

三、课程思政的价值

课程思政是对我国教学模式的一次重要突破,弥补了我国传统教学模式在思政教育上的不足。传统教学模式中,各个学科和思政教育之间是相互独立的关系,这种关系导致在很长一段时间内,教育的"教书"和"育人"两个功能难以同时实现。而课程思政则实现了专业课教学和思政教育之间的联合,在专业课教学中有针对性地加入思政教育的内容,一方面丰富了专业课的内容,另一方面也借助专业课课堂达到了思政教育的目的,真正发挥了教育的"教书育人"功能。同时,这种通过串联的方式实现双重目的、提升教学效果的新颖教学模式的成功,为我国接下来的教学模式改革提供了灵感,有助于促进我国的教学模式向着更加科学、高效的方向发展。

课程思政的重要价值是我们将其融入体育课程建设的原因之一,下面我们将具体从学校层面、教师层面和课程层面对课程思政的重要价值进行解读。

(一)学校层面的价值

学校是对青少年进行教育的最主要的场所。当前,在社会快速发展变化的背景下,学校面临着各种思潮和文化的相互碰撞,对学校教育来说,这既是一种机遇,也是一种挑战。而课程思政的提出无疑为学校指明了思想教育的发展方向,从顶层设计上实现了道德教育和知识教育的统一,使得学校在思潮变化的风口之下坚持了自己"教书育人"的使命。

（二）教师层面的价值

从教师层面来说，课程思政对他们提出了"三真"要求——真学、真做、真信。"真学"是指教师的学习不应该只集中在专业知识上面，而应该实现跨学科学习，同时提高对社会现实的关注，在精通本专业知识的基础上促进自身全面发展。"真做"是指本着"以人为本"的教学理念，对学生负责，不断提高自己的教学水平，钻研课程思政的有效教学方法，坚持进行创新突破，将思政教育无声地融合于专业课堂上，对学生产生潜移默化的影响。"真信"指的是教师本人应该具备高尚的思想道德，严格要求自身，时刻注意自己的言行，通过言传身教实现对学生的教育。

"三真"对教师提出了学习、行动和思想上的要求，对提升体育师资队伍的专业素质和教育能力具有非常重要的价值。

（三）课程层面的价值

从课程层面上看，课程思政并不是将专业课课程和思政课课程简单相加，而是根据专业课的特点，一方面从其中挖掘思政教学的资源；另一方面根据专业课的特点将思政课程的内容有机地融入专业课中。这样做的目的是将思政教育全过程、全方位地融入课堂中，使学生在学习专业知识的同时又得到思想上的"洗礼"。课程思政不仅实现了课程教育中"智育"和"德育"的结合，还开创性地实现了不同学科之间的融合，为我国教育模式的创新发展提供了全新的灵感。将课程思政理念融入体育课程建设与教学中，既能丰富和培养学生的体育知识与技能素养，又能培养学生的良好道德素养，使课程内容更丰富，课程价值更突出。

第二节　课程思政建设与发展

一、课程思政建设路径

（一）转变思政教育理念

教育是面向人的教育，目的是使人适应社会，为社会建设做贡献，因此要明确教育与人、社会的三维互动关系，三者之间不是孤立存在的，更不是相互对立的，而是紧密联系，相辅相成的，因此要克服传统对立、孤立的思维模式，以联系的观点正确认识三者的关系。思政教育的实施是一个系统又复杂的工程，通过不同学科课程来实施思政教育，充分发挥各类课程的独特育人功能，有助于使思政教育摆脱孤掌难鸣的现状。为促进课程思政建设，必须转变独立发展思政教育或单独进行课程建设的观念，加强专业课程与思政教育的融合，从专业课程中对文化基因、思政元素进行提炼与挖掘，通过融入思政教育的方式使专业课程教学也能够培养学生的社会主义核心价值观。思政教育在专业课程中的渗透往往采用的是一种"润物细无声"的方式，也就是将理想、信念、精神等融入知识与技能教学中，加强对学生的价值引领和精神指引。

为促进思政教育在专业课程中的深入渗透，加强二者的融合，应具体树立以下教育理念。

1.协同育人理念

各个单独要素的作用是有限的，整合各个要素，使各要素之间相互作用，发挥各要素的作用，能够形成整体的协同效应，解决单独教育要素解决不了的问题，提高育人效果。

2. 整体育人理念

单向思维、片面思维和孤立思维都是有局限的思维,打破这些思维的局限,运用整体思维分析问题,能够扩大视野,有更好的收获。在课程思政建设中要以整体的视野开展教育活动,整合、统合、融合对课程思政组织实施有影响的各种要素,从而产生同质效力,获得思政教育的同向效果。

3. 发展育人理念

在思政教育中要以发展的眼光和生成性思维确立发展规划和目标。在不同时空条件下人们会产生不同的思想,做出不同的行为,因此课程思政的实施要因时而进、因势而新。学科专业课程与思政教育的衔接应因不同阶段、不同层次而异,树立发展育人观念,以长远的目光推动二者的衔接,建立课程思政的长效机制,这样对思政教育、专业课程的长期发展都具有非常重要的长远意义。

(二)落实大思政建设

大思政是极具创新性的思政教学观,是在课程思政的基础上形成的,先准确定位思政教育的目标,明确思政教育的功能与价值,然后对专业课程的思政资源进行挖掘与整合,对课程思政教育环境加以优化,促进教育渠道的多元化和多元教育主体协同作用的发挥,最后高度集成教学目标与教学内容,高度整合教育硬件与软件资源,高度融合理论与实践,这就是大思政的内涵。

在新时代背景下,高校在课程思政建设中要对思政教育有宏观上的把握,要有长远的推进方案,使思政教育辐射各个院系的专业课程,全面推进专业课程思政教育,更新专业教学理念,使课程思政的核心引领作用在各专业中得到充分发挥,使专业课的思政内涵更加丰富、思政资源得到充分利用以及思政育人功能得到充分发挥。

(三)形成教育共同体

教育共同体是基于一致的教育信仰,为了共同的教育目标,在培养人的社会实践活动中教师或组织基于一定的行业规范,在充分合作的基础上形成稳定的、志同道合的团体。[①] 课程思政建设质量以及实施水平一定程度上由专业教学工作者决定,所以对教育工作者的思政水平、业务能力进行培养,促进这些素质不断提升至关重要。高校课程思政建设本身具有一定的复杂性,难度较大,因此为实现共同的育人目标,有必要建立一个包含高校通识课教师和思政课教师的教育共同体,为专业课教师和思政课教师的深入沟通与交流合作提供一个良好的平台。从具体机制上看,教育共同体包含下列三个不同的维度。

1. 合作共同体

专业课教师和思政课教师相互合作,共同参与课程思政建设,保障专业课思政教育的有效开展。

2. 精神共同体

不同教育工作者的智慧特质、专业背景、教育经验虽然有差异,但他们面对相同的教育对象时有一致的终极教育目标,这表明教师队伍也是一个精神共同体,他们的价值追求是相同的。

3. 实践共同体

教师的教育成果要通过实践来检验,实践不仅是检验教育成果的标尺,也是教育的归宿。但实践是开放的、复杂的,这就要求教师对社会发展的问题予以关注,确立有意义的研究课题,得出科学的理论成果,为实践教学提供指引,使实践教学的方向更准确,更有温度和意义。

在上述三个维度上,所有教师要实现目标的一致、价值追求的一致和实践的统一,最终共同推动课程思政建设。

(四)加强思政资源开发

加强思政资源开发也是课程思政建设中非常重要的一环,随着高校思政教育的不断深入改革,开发思政资源要从以下几方面着手。

---

① 胡华忠 .“课程思政”的价值意蕴、理念内涵和实现路径 [J]. 中国高等教育,2022（6）：10-12.

1. 充分开发与利用专业课的思政资源

不管是自然科学、社会科学还是技术科学，其中都不乏丰富的思政资源，如自然科学中的伦理价值、道德责任，社会科学中的辩证思维、美学艺术等，所有这些都是非常宝贵的思政教育资源，在课程思政建设中要注重开发利用。

2. 充分发挥教师的主体力量

道德示范、情感传递、价值引导是教师在教学工作中发挥的主要作用，这也是公共课、通识课、专业课等所有课程教师的共同任务。在课程思政建设中要充分发挥教师的主体力量和主导作用，将德育、智育、体育、美育结合起来，培养学生良好的道德品质，提升学生的智慧，促进学生身心健康，提高学生的审美素养，促进学生全面发展。

3. 加强课程设计

基于学生的实际情况进行课程开发设计，包括遵循成长规律，了解实际需求，确立人才培养目标。课程的开发设计要具有系统性，课程内容要在保持基础内容不变的同时加以深度拓展，融入思政教育内容。此外，将角色扮演法、翻转课堂、情感模拟等教学方法运用于课程实施中，引导学生在角色扮演中进行体验式思考，实现情感共鸣，促进认知与技能、情感与价值观的共同发展。

二、课程思政与思政课程的同向同行发展

课程思政是建立在思政课程基础上的一种全新教育理念，思政课程是基础，课程思政是延展，将二者协同起来，使其同向同行发展，有助于对高校思政教学和课程改革起到积极的引领作用，能够使高校教师立德树人的主体责任得以明确和落实，并统一显性教育和隐性教育两种教育方式，增强协同发挥作用的效应，促进全员、全程、全方位育人大格局的形成。下面简单分析思政课程与课程思政同向同行发展的内涵与建议。

（一）课程思政与思政课程同向同行发展的内涵

1. 同向

课程思政和思政课程的价值追求是一致的，它们所解决的都是培养人的根本问题，如"为谁培养人""培养什么样的人""如何培养人"。二者基于相同的价值追求而同向发展，同向指的是坚持正确的方向，具体表现为：

第一，坚定马克思主义思想。

第二，坚持中国共产党的领导。

第三，实现立德树人。

2. 同行

课程思政和思政课程的同行指的是二者发展的步调要一致，要保持一致的步调，就要做到以下几点。

（1）目标与要求统一

保持教学目标、教学要求的统一，在课程思政建设与发展中要对专业课程中的思政教育资源进行挖掘，在专业课程教学过程中融入与课程特点密切联系的思政元素，从而实现全面育人目标。

（2）分清主次

在课程思政与思政课程的同行发展中也是有主次的，居于主导地位的应该是思政课程，要将其主体作用尤其是对课程思政的引领充分发挥出来。课程思政虽然没有占据主导地位，但它的专业优势也是不容忽视的，二者各自发挥自己的优势与作用，能够形成良好的协同效应。

（3）资源共享

课程思政和思政课程之间要做到资源共享。思政课程的优势在于与时俱进，对国家方针政策能够及时了解并紧紧跟随，而且对思政元素的把握极其敏锐，这些优势有助于思政课程为课程思政建设提供一定的参考与借鉴。课程思政覆盖不同学科和专业，能够在专业知识与技能领域为思政课程建设提供支撑。二者资源共享，相辅相成，协同发展。

（二）课程思政与思政课程同向同行发展的建议

1. 深化思想认识，协同育人

第一，为促进课程思政建设，实现与思政课程的同行同向发展，高校可定期召开思想政治教育和课程思政建设专题会议，使高等教育工作者更加深入地认识思政课程与课程思政的内涵及二者同向同行发展的重要意义，创建能够促进二者协同发展和共同育人的良好环境。

第二，推进课程思政建设，首先要选择在思想政治教育方面有优势的专业课程作为示范，专业课教师和思政课教师可以共同备课，协同完成"课程思政示范课"的设计，然后向其他专业课程辐射。在此过程中，要不断培养与提升专业课教师的课程思政意识与教学能力。

2. 精准定位，全员育人

在课程思政与思政课程的同向同行中，高校要发挥主要作用，由上至下全力融入，实现全员育人，具体要做到以下几点。

首先，高校党委要履行全员育人的主体责任，落实立德树人的重要任务，积极推进对思政课程和课程思政同向同行长效发展机制的建立，长效发展机制中应包含同向同行发展方案、具体策略、发展成果考评以及支持各项方案实施的有关政策。

其次，构建激励机制，为调动专业课教师和思政课教师的工作积极性，可从物质奖励、精神奖励上采取一些奖励措施。在课程思政建设中起到重要示范作用的教师尤其要给予良好的福利待遇。

最后，开展教研活动，鼓励专业课教师和思政课教师相互交流、合作，共同备课，针对如何在专业课中巧妙地融入思政元素、如何发挥专业课的育人功能等问题进行研究讨论。

3. 成立工作小组，注重创新

在课程思政与思政课程同向同行的发展中，需建立专业工作组，该工作组应由高校党委领导，牵头者是教务处，在明确党委领导和教务处的主导地位后，鼓励有关部门要通力合作。工作组整体部署和统筹协调思政课程和课程思政同向同行发展方案。此外，课程思政建设的标准、其与思政课程同向同行发展成果的考评标准应由成立的专业工作组制定,建设标准要明确对什么样的课程思政予以建设,课程思政的实施要遵循哪些细则等;考评标准要根据育人目标进行制定,充分发挥考评的激励作用。

此外,为促进课程思政与思政课程的同向同行发展,还应通过对网络思政教育平台的设计而促进思政课教师与专业教师共享专业、便捷、丰富的思政教育资源。

第三节　课程思政育人体系的构建

课程思政是我国高校教育思想的一次创新,是高校教育改革的一次大胆尝试。在课程思政建设与发展中要建立一个全新的立德树人的育人体系,要突出该体系的基础性、系统性和教育性,要能够满足绝大多数高校的教学实际需要。为促进课程思政育人体系的有效运作,充分发挥课程思政的育人功能,建议课程思政育人体系应包含目标体系、内容体系、方法体系、评价体系和保障体系五个方面(图1-2),下面逐一分析。

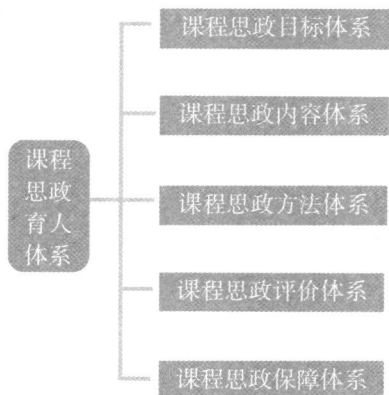

图1-2　课程思政育人体系

一、课程思政目标体系

在构建课程思政育人体系之初,首先要明确育人的根本目标是什么,即回答要培育什么样的人才、人才要具备哪些素质等问题。明确这些最根本的问题,能够更有效地制订相应的教学计划和方案,从而指导教师组织实施课程思政教学活动。

不同学科、不同专业的课程都可以构建课程思政育人体系,教师在构建课程目标体系时应融入思政育人理念和思政元素,并采取恰当的方法明晰地确定课程思政目标的边界和归属,形成多层级的课程思政目标群,从而达到分类设置、分类管理、协同育人的目的。

二、课程思政内容体系

构建课程思政内容体系,就是要根据课程思政育人目标以及高校自身的专业设置情况,创建高校课程思政的教学内容,提升学生的思想政治意识,以中国特色社会主义理想信念为引领,使学生形成科学的世界观、价值观和人生观,坚定社会主义的政治观。无论面向什么专业的学生,课程思政的内容系统都是一致的,都是围绕培育学生坚定的社会主义核心价值观,培养学生爱国、爱党的信仰以及培养学生自觉为社会建设做贡献的奉献精神而展开的。

课程思政内容体系的建立主要从以下三个方面落实。

首先,确立核心的思政元素。思政元素包括具有马列主义思想,坚定拥护中国特色社会主义思想以及传统的中华美德。

其次,树立正确的价值观。要引导学生养成辩证唯物主义的世界观和价值观,从而有效地指导自己今后的人生和工作。

最后,养成健全健康的人格。学生要具有身心健康的意识,要追求人格健全、心理健康、身体健康,追求高尚的道德情操。

三、课程思政方法体系

在确立了目标体系、内容体系之后,接下来就要落实确立方法体系。好的目标可以对教学起到指引的作用,合适的内容能够保证目标的实现,而科学有效的方法是落实目标和内容的具体方式。高校课程思政方法体系如图 1-3 所示。采用这些方法,能够实现高校专业课程与思想政治课程的深度融合、同向同行,使高校专业教育和思政教育无缝对接,破解高校专业教育和思政教育"两张皮"的难题。

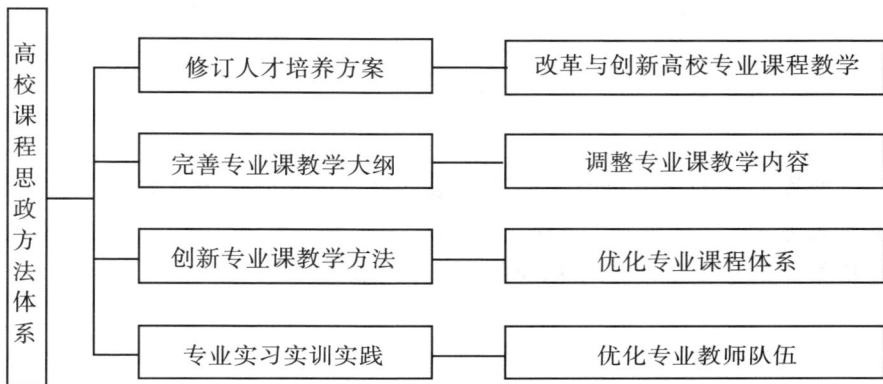

```
                    ┌─── 修订人才培养方案 ───── 改革与创新高校专业课程教学
高                  │
校  ┌───────────────┤
课  │               ├─── 完善专业课教学大纲 ───── 调整专业课教学内容
程  │               │
思  │               │
政──┤               ├─── 创新专业课教学方法 ───── 优化专业课程体系
方  │               │
法  │               │
体  │               └─── 专业实习实训实践 ───── 优化专业教师队伍
系  │
```

图 1-3 高校课程思政方法体系[①]

四、课程思政评价体系

建立课程思政评价体系主要解决的是怎样评价与提高课程思政实施效果的问题。通过构建包括评价主体、客体、指标和方法等要素的科学实用的课程思政评价体系,能够破解谁评、评谁、怎么评等难题。新时代我国课程思政评价正面临着从一元评价向多元评价、从结果评价向过程评价、从行政化评价向系统化评价的转型和转变。

下面简要分析课程思政评价体系的要素。

(一)评价主体

课程思政的评价主体包括教育行政主管部门、高校课程思政主管部门、教师、学生,他们在课程思政教学评价中发挥各自的主体作用。

---

① 向延平 . 高校课程思政体系研究 [J]. 滨州学院学报,2021,37(01):66-70.

（二）评价客体

课程思政评价体系中的评价客体主要是指评价什么，主要包括教学设置、课程实施和学生等，评价主体针对以上客体展开课程思政评价。

（三）评价指标

课程思政的评价指标需要高校根据自身的实际情况来筛选，比如根据师资水平、学生资质、课程设置的难度等筛选评价指标，并根据不同评价指标的重要程度赋予相应的指标权重系数。

（四）评价方法

课程思政评价方法主要包括查阅资料、听课、访谈、调研等定性方法，通过采用这些方法对课程思政是否开展、怎样开展、开展效果如何等进行定性评价。也可以采用数据收集、数据处理、数据分析等方法进行定量评价。

五、课程思政保障体系

构建课程思政保障体系主要解决如何保障课程思政顺利实施的问题。保障体系主要包括政策保障、制度保障、培训保障、激励保障、督导保障、师资保障和经费保障等。将这些保障纳入课程思政保障体系中，能够确保课程思政的高效开展，提高课程思政实施效果，实现立德树人的目标。

高校课程思政保障的重点是明确领导在课程思政中的引领规划和协调作用。因此要做好顶层设计，明确领导机构和组织机构，做到分工合理、权责明晰、建章立制和理顺体制，齐抓共管，形成课程思政工作实施合力，如此才能解决"谁来管""管什么""怎么管"的问题。

第四节　体育课程思政的内涵与特征

一、体育课程思政的内涵

体育课程思政指的是以体育课程为载体,将思政教育元素融入课程教学中,构建融体育知识传递、体育能力培养和思政教育于一体的体育教育实践活动。体育课程思政要求在体育教学的全过程中都贯穿思政教育,向学生传播体育知识、培养学生运动能力的同时引导学生树立正确的世界观、人生观和价值观,潜移默化地立德树人,对思政价值观的引领作用予以强调,在教学过程中渗透社会主义核心价值观,达到体育教育和思政教育的双重效果,实现促进学生全方位发展和提升的目标。

体育课程思政在发挥思政教育价值方面主要是通过显性教育和隐性教育两种方式实现的,其中显性教育作为主要教育方式发挥了巨大的作用,隐性教育作为辅助方式也发挥了一定的作用,这两种教育方式相辅相成,不可或缺。在体育课程思政的显性教育中,体育教学作为主要载体形式,以比较简单、直接的手段对学生进行思政教育,对学生进行正确的社会主义核心价值观培养。

体育教学的任务不仅是将体育知识与技能传授给学生,培养学生的终身体育锻炼习惯,促进学生体质的增强,而且还要对学生的意志品质、思想道德品质、体育精神进行培养,促进学生人格的健全和各方面素质的全面发展。将体育课程与思政课程融于一体的体育思政课程既有体育教育的内容,也有思政教育的内容,结合两方面的优势教学内容构建体育思政育人体系,有利于促进高校体育教学过程的创新,包括教学内容、教学方法与模式、教学评价等多方面的创新,从而进一步深化体育教学改革,提升高校体育课程质量。

二、体育课程思政的特征

（一）育人和健体相结合

大学生处于人生的重要时期,高校要特别重视对学生的栽培与引导,在开展教学和培养人才时要紧紧围绕立德树人的根本任务而展开。对此,高校要紧紧围绕立德树人的根本任务对大学生进行思想政治教育,培养全面发展的人才。

增强学生体质,培养学生良好的锻炼习惯,这是体育课程的基本任务。体育课程思政除了要完成体育课程的基本任务外,还要完成立德树人的任务,在保持学生健康体质、提升学生体育理论知识素养和实践技能水平的基础上,将核心价值观教育融入体育课中,引导学生形成正确的世界观、人生观和价值观,达到全面育人的良好效果。

（二）思政元素丰富多样

随着体育事业的不断发展和各项体育运动的改革创新,体育运动的育人功能越来越突出,其中所蕴含的思政元素在体育全面育人中发挥了重要的作用。体育项目本身丰富多样,各类项目包含的思政元素各有特色,如武术中蕴含着深厚的武德文化和家国情怀,集体球类运动中富含团队精神、合作精神和集体主义价值观等。在体育课程中充分挖掘思政元素,将专业教学内容与思政元素巧妙结合起来,能够培养大学生的优秀品质,使大学生得以全面发展,成为中国特色社会主义建设的中坚力量。

（三）内部统一性

人体身体素质,如力量、速度、耐力、灵敏、协同、柔韧等,能够在体育运动中得到充分的展现。这些身体素质共同构成了人体运动素质,它们是有机统一的。体育运动本身就是一个有机统一体,它是外部的、显性的,相对而言,课程思政是内部的、隐性的,体育运动与课程思政好似矛盾体,但其实二者之间有千丝万缕的联系,二者的相互连接与促进主要体现在同一性上。课程思政中蕴含着强大的精神力量、先进的社会意识和重要的社会主义核心价值观,在体育课程中注入这些元素,更加有助于促进体育教学、体育训练和体育比赛的深层次发展,同时也能够使课程思政建设更加丰富、具体和清晰。可见,体育课程思政是一个有机整体,在具体实施中体育和思政不可分割。

第五节　体育课程思政的时代意义

一、落实立德树人的重要举措

学校教育的根本任务是培养人才,学校的根本使命是立德树人。课程思政的提出要求学校在育人方面不仅要传授知识和技能,促进学生文化素养和实践能力的提升,还应该注重对学生内在价值体系和思想观念的建立和培养,促进学生思想观念意识的提升,引导学生形成正确的世界观、人生观和价值观。

青少年学生思想活跃,个性鲜明,面对这样的教育对象,应注重实施思政教育,并将思政教育融入专业课教学中,包括体育课。落实体育课程思政不仅能够培养专门的体育人才,还能通过思想引领和价值塑造提升学生的内在修养,将"育体""育德"结合起来。

体育课程思政的提出贯彻了全国高校思政工作会议精神,破解了体育育人的"单向度"困境,是全面贯彻教育方针、深入落实教育强国和体育强国发展战略、实施素质教育的重要组成部分。素质教育理念强调培养人才的基本素质,促进培养对象个性的发展与健全,实现全面发展。因为社会阅历比较缺乏,学生价值观、人生观和世界观还不够稳定,而且也有可能偏离正确方向。因此,将思想政治教育融入学生喜爱的体育课程教学中既能培养学生的身心健康素质,又能提升学生的思想政治素质,并健全其人格,从而真正满足素质教育的要求。总之,体育课程思政强调体育多元价值的充分发挥,有助于实现新时代立德树人的根本任务。

二、建设体育强国的重要路径

世界各国的竞争主要是综合国力的竞争,而综合国力的较量又以人才的竞争为根本。在中华民族伟大复兴、中国特色社会主义现代化建设的进程中,人才战略作为国家发展的战略根基必不可少。只有落实人才战略,我国才能迈向新征程,体育强国梦才能实现。

新时代我国体育事业发展的最高战略目标就是实现体育强国,建设体育强国离不开专业人才支撑,因而培养高素质的体育人才队伍势在必行。这就要求对体育课程思政的独特育人价值加以挖掘,使其得以充分发挥,通过体育课程思政建设与教学实施,培养身心健康、德才兼备的全面型体育人才,为体育强国战略实施提供重要的人力资源和基础保障,使体育人才在参与体育强国建设的过程中实现个人价值。

三、提升育人质量的重要手段

学校教育肩负着为国家培养优秀人才、立德树人的伟大使命。体育课程作为学校教育的一部分,要通过课程建设与教学实施去贯彻育人方针,完成育人使命。课程思政、全面育人等理念的提出体现了国家在教育方面教育方针的变化与教育结构的完善。为贯彻国家教育体制改革的方向和国家教育方针的发展变化,要求在体育课程教学中将思政教育融入进去,将价值观培养、人生观引导、世界观塑造等融入体育知识传授与技能训练中,并借此培养学生的拼搏精神和顽强意志。体育课程思政是健康教育、思政教育和综合素质教育的统一体,是学校培养全面发展人才的重要举措,是提高人才培养质量的重要突破口,能够开创我国体育教育事业发展的新局面。

第六节　体育课程思政研究与展望

近年来,随着高校体育课程思政建设工作的持续推进,有关学者就体育课程如何进一步与思政理论课同向同行、共同育人等问题展开了深入的理论探索。系统性地分析与总结已有体育课程思政相关研究成果，在学术价值层面有助于了解当前体育课程思政研究的焦点、方向和重要观点，在实践价值层面有利于将理论研究成果转化为体育课程思政建设与实施的重要工作指南。下面主要分析学界关于体育课程思政研究的现状与未来展望。

一、体育课程思政研究现状

（一）研究热点

当前关于体育课程思政的研究主要聚焦在以下五个方面：
解析体育课程思政的内涵。
阐述体育课程思政建设的逻辑依据。
剖析体育课程思政建设存在的问题与难点。
解答体育课程思政建设的内容。
探索体育课程思政建设路径。

（二）研究特征

现阶段体育课程思政研究呈现出以下两个方面的特征。

1.初步形成基础理论与实践研究相辅相成的研究进路

体育课程思政建设作为新时代教育改革的一个细分领域，不仅是一个重要理论问题，而且也是体育教学实践中的现实问题。已有研究一方面在学理层面对体育课程思政的内涵、价值、内容进行了集中性的诠释，另一方面部分研究围绕具体的体育专业和特定的体育课程（如体育教育专业、运动训练专业、武术课程、篮球课程）展开了对专业课程思政元素挖掘与建设路径等问题的研究探索。已有实践研究对指导体育教师进行课程思政教学设计具有良好的指导意义。

2. 从宏观理论分析转向关注实践层面微观问题

体育课程思政研究还处于初级阶段,众多研究主要集中在体育课程思政建设背景、建设价值、内涵释读等宏观理论分析方面。随着体育课程思政建设实践的持续推进,部分学者开始将研究方向转向影响体育课程思政建设成效的关键环节上。例如,系统性分析体育教师的课程思政建设能力素养、探索体育课程思政评价方法的可行性与具体应用。总之,体育课程思政研究逐渐走向深度化、内部化,实践层面出现的一些问题成为体育课程思政研究的聚焦之一。

(三)研究不足

体育课程思政研究起步较晚,当前还处于比较表浅的初步阶段,尚存在重复研究、微观研究少、研究方法单一等问题。

1. 存在重复研究现象

部分研究文献存在重复已有研究的现象,早期有关体育课程思政的研究文献主要围绕体育课程思政的内涵、价值、特征等议题展开,但目前仍有多数文献重复以上相关方向的研究,并且研究观点与前人研究成果中的内容高度重合,部分后期发表的学术文献在分析体育课程思政建设的价值时基本上照搬前人的研究成果,缺少新颖性观点和研究亮点。总体而言,重复研究现象比较严重,缺少创新性研究选题。

2. 实践层面微观问题关注较少

现有文献以宏观、整体性的理论研究居多,对实践层面的微观问题与核心议题关注较少。体育课程思政研究需要统筹好基础理论与实践问题两方面的关系,现有研究对体育课程思政实践应用问题的关切不多,理论研究总体上滞后于实践发展,体育课程思政建设中出现的新问题没有得到及时和较好的回应,关于体育课程思政建设的相关核心议题与实践过程中的一些关键环节,已有研究程度明显不够。

3. 研究方法单一

体育课程思政研究采用的方法以定性研究为主,通过逻辑思辨开展体育课程思政研究工作,很少有文献是采用定量研究方法进行研究的。整体而言,现有体育课程思政学术文献在研究过程方面缺乏较为科学、严谨的论证过程,在开展量化研究工作方面有待进一步探索。

二、体育课程思政研究的方向与展望

在实践层面,当前体育课程思政建设更多关心的是如何做好、做实课程思政设计,而不是像初始阶段时期一样对体育课程思政内涵和价值的困惑。后续研究应将研究方向集中在体育课程思政的建设成效方面,下面分析几种比较重要的研究方向。

（一）探析体育课程思政课内外一体化设计研究

体育课程思政建设不能仅仅局限在专业课程方面,应充分挖掘体育第二课堂的育人功能。现有研究主要集中在体育专业课程课堂教学中的思政设计,对体育第二课堂育人功能的挖掘还有待深化探析。后续研究可探索学校体育俱乐部(体育社团)、体育社会实践活动的育人路径,对体育课程思政课内外一体化进行设计研究。

（二）深化体育课程思政评价体系研究

在体育课程思政评价体系构建方面,已有研究也充分认识到该议题的重要性,但多数研究仅仅是蜻蜓点水式地略有提及,对评价主体与客体,评价目标、评价内容的描述较为空洞和模糊。对体育课程思政评价体系进行系统性研究的中文核心文献较少,由于体育课程思政建设的参与主体具有多元性,因而现有研究中关于体育课程思政评价目标与内容的定位仍然不够清晰,亟须进一步厘清体育课程思政评价主体与客体,以及不同主客体对应的评价目标与评价内容。后续研究应根据不同的参与主体分析体育课程思政的评价目标和评价内容,探索操作性强、适用性广的评价方法。

（三）强化体育教师思政能力建设研究

体育教师是体育课程思政建设的重要主体。体育课程思政能否有效推进，很大程度上取决于体育教师的课程思政能力。因此，为推进体育课程思政建设，要加强对体育教师课程思政能力培养的系统研究。尽管很多已有文献在研究中提及如何提升体育教师的课程思政能力，但大多是零散性和粗放式的泛泛而谈，并未深入研究这一问题，研究成果尚不够系统性和细致化。关于如何培养体育教师的课程思政能力，以及术科型体育教师与学科型体育教师的体育课程思政能力是否存在区别，此类议题仍然处于研究断层状态，应该成为后续研究的主要方向之一。

（四）加强中小学体育课程思政研究

现有关于体育课程思政建设的研究主要以高校体育课程为研究对象，对中小学体育课程思政方面的研究不够关注和重视。中国特色社会主义教育的根本任务是立德树人，培养德智体美劳全面发展的接班人、建设者。体育课程思政建设不能只局限在高等教育阶段，而应该从中小学教育阶段就抓起，在中小学体育课程中有意识地渗透思政教育，有助于培养学生正确的世界观、人生观和价值观。因此，在体育课程思政建设的学术研究层面应加强不同教育阶段体育课程的思政化建设研究。此外，不同学段体育课程思政建设的研究缺乏纵向衔接，对学校体育课程思政一体化建设造成了严重阻碍，今后要多关注大中小学体育课程思政建设的一体化设计和有效衔接。

第二章

高校体育课程建设的科学指导

体育课程是高等院校教育课程,在育人方面具有独特的价值。要充分发挥体育课程的育人功能,就要做好体育课程建设与教学设计工作,在实践中提高育人功效。新时期,随着社会环境的变化,国家对高校体育课程建设与教学实施提出了更高、更明确的要求,高校体育课程建设必须在科学理论的指导下才能沿着正确的方向前进,才能满足国家和社会的要求。在高校体育课程建设与改革中,要在坚持正确理论指导的前提下重点做好体育课程资源开发、体育教材化建设与校本课程建设以及体育课程建设改革优化等工作,以提高体育课程质量。本章着重对这些内容展开研究,为高校体育课程建设与改革提供科学指导。

第一节　高校体育课程建设的理论基础

　　高校体育课程建设是一项系统而复杂的工程,各项建设工作需要科学理论的支撑才能顺利开展,在多学科理论的支持和引导下,体育课程建设有理可循,有可靠的理论依据,从而能够提高课程建设的科学化水平和建设效果。下面主要对高校体育课程建设的学科理论展开研究,主要包括体育教育学理论、体育管理学理论。

一、体育教育学理论

(一)体育教育的概念

　　体育教育是以身体练习为基本手段,以增强体质、促进身心全面发展为目的,促使人掌握身体锻炼的知识与技能的一种有意识、有目的的教育活动。

(二)体育教育的本质

　　体育教育由"体育"与"教育"构成,这两个组成部分的内涵决定了体育教育的本质。体育的特有属性反映在体育的内涵中,教育的特有属性则反映在教育的内涵中,事物的本质主要从其特有属性中表现与反映出来。由此可见,体育的内涵与教育的内涵相互融合而形成了体育教育的本质。

　　从性质上来看,体育是人类社会中以身体教育为主的一种特殊社会文化活动,其以身体练习为基本内容和手段,促进人体质增强、身体协调发展以及各方面全面发展。人的全面发展最终能够促进社会的发展,因此可以说体育是为推动社会发展而服务的。教育是以培养人为中心的活动,教育和其他事物现象最本质的区别就在于培养人。结合体育和教育的本质可知体育教育是教育人和培养人的过程,它以身体活动为主要内容、手段及载体来培养人、教育人,促进人全面发展。在体育教育过程中,教育对象通过科学的身体活动能够增强体质,健全心理,掌握知识,提高运动能力,锻炼意志,塑造精神,提高道德品质,陶冶情操,最终实现全面、协调发展的目的。

另外,社会政治、经济、文化等环境在不同程度上影响体育教育,具体影响体育教育的目的、规模等,体育教育在某种意义上是为社会政治、经济、文化的发展即社会的整体发展而服务的。不同社会发展时期的体育教育主要通过培养适应当时社会发展需要的全面发展的人才来推动社会发展的。

(三)体育教育的育人功能

1. 德育功能

体育教育中包含思想品德教育,主要通过集体体育活动、体育竞赛、体育自主练习等方式来培养学生的思想品德。学生参与体育活动,会产生一定程度的机体疲劳,疲劳的积累容易引发心理障碍,而且有时因为多种因素的影响而发生意外伤害事故,这些情况下学生如果没有顽强的意志品质作支撑是很难坚持下去的,体育教育是锻炼与培养学生意志品质的有效方式。

集体性的体育活动有助于对学生的团结意识、协作能力及集体主义精神进行培养。在以小团体或班级为单位的体育比赛中,学生踊跃参与,与队友相互配合,互助友爱,与对手公平竞争,合理对抗,切磋交流,从而塑造良好的道德品质。

总之,体育教育具有重要的德育功能,能够引导学生确立正确的世界观、人生观和价值观,培养学生的爱国主义精神、民族责任感和集体荣誉感,提升学生的道德修养。

2. 教养功能

作为教育的重要组成部分,体育教育具有独特的教养功能,即教育和培养功能,对人的发展有着重要的影响。在青少年儿童的生长发育中,体育教育起到积极的促进作用,教师带领孩子们跑跳、游戏,组织集体比赛,使孩子们在良好的氛围中学习团结合作,学会公平竞争,正确对待成败,调节不良情绪,养成自觉参与体育运动的好习惯,这都是体育教育所起的作用。

体育教育的教养功能还体现在生活中,其对学生的性格、生活方式、生活习惯都有潜移默化的影响。体育教育能够使学生健康文明地生活,培养学生良好的生活习惯。学生在体育教育活动中学习体育与健康知识,学习体育锻炼方法,从而提升自我保健能力。体育教育还促进了学生文化生活的丰富多彩,培养学生健康的兴趣爱好,使学生在健康向上的氛围中学习与生活。终身体育教育对提高和培养学生的终身体育思想和终身体育锻炼习惯起到了举足轻重的作用。

3.人文精神教育功能

人文精神是人类为了更好地生存和发展,以真善美的价值理念为核心,不断追求自身解放和自由的一种自觉文化精神。[①]在体育的发展中,人文精神作为重要的思想基础、精神内涵以及生命线,对体育的发展前景及其对社会的影响力有着决定性影响。体育长期以来之所以能够不断发展壮大,与其背后的人文精神内涵有着必然的联系,如果体育缺乏人文精神,则其就是一个徒有外在形式的空壳,难以获得长久发展。因此在体育教育中既要进行外在的身体教育和技能教育,又要进行深层的人文精神教育。在体育教育中要注重向学生传授人文社会学知识,加强对体育背后的人文精神的宣传,促使体育教育的人文精神教育功能的充分发挥。

4.促进个体社会化功能

人从生物个体变成社会个体的过程就是个体社会化。体育教育中采用分组与合作教学法、讨论法、探究法等方法能够对学生的社会交往能力进行培养,使学生在与他人合作、交流中学习他人的长处,借鉴成功的学习经验,并在对比自身与他人的过程中发现自己的不足,积极改进和完善。

---

① 张松奎.体育教育学 [M].徐州:中国矿业大学出版社,2013.

体育教育能够培养学生豁达乐观、平等友爱、互帮互助、公平竞争的思想意识，这都是构建和谐人际关系所必不可少的。开发性的体育教育活动还促进了学生人际交往范围的扩大，推动了学生社会适应与交往能力的提升。

（四）体育教育的载体——体育课程

体育教育是我国社会主义建设中非常重要的一项事业，发展体育教育能够满足社会各方面、各层次的人对体育的多种需要。体育课程是体育教育的一个重要载体。体育课程是学校课程体系的重要组成部分之一，是在校学生以身体练习为主要手段，通过合理的体育教育和科学的体育锻炼，达到以增强体质、增进健康和提高体育素养为主要目标的必修课程。[①]

体育课程是一门以多学科为基础的综合性课程，与多个学科的关系都很密切。加强体育课程建设，落实体育课程教学，能够使体育教育的功能与价值得到更好的发挥，促进体育教育多元育人功能的实现。

随着现代教育理念和体育教育理念的兴起，如终身体育（教育）、快乐体育（教育）、成功体育（教育）等，体育课程逐渐形成了多元化的结构，在原有基础上增添了新的内容，如保健课、各种选修课等，同时还将课外体育内容纳入体育课程结构体系中，作为体育课程的拓展和延伸性内容，课内形式多样的体育课和丰富多彩的课外体育活动构成了体育课程结构体系，如图 2-1 所示。

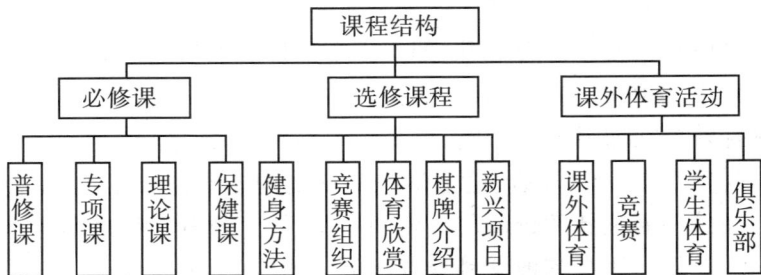

图 2-1　体育课程结构[②]

① 曹丹.体育健康与体育教育学研究[M].天津：天津科学技术出版社，2018.
② 程晖.体育新课程背景下学校体育理论研究[M].北京：科学出版社，2016.

（五）体育教育与素质教育的关系

1. 素质教育为体育教育的发展指明了方向

为提高个人的综合素质和整体社会素质，我国提出了素质教育理念，实施素质教育有助于实现人从"自然人"向"社会人"的转变。素质教育顺应了教育从社会本位转变为人本位的需要，与现代教育改革和发展态势一致。素质教育的提出进一步明确了当代体育教育的地位、目的和意义，为体育教育的发展提供了正确的指导思想和方向指引，促进了"健康第一"教育思想在体育教育中的贯彻落实，同时要求在体育教育中传承体育文化，培养学生传承文化的责任感。素质教育要求结合学生实际开展体育，注重体育教育内容的实用性，通过体育教育学生获得对其长期发展和进步有利的知识和能力，要重视体育教育的长期效应。

此外，素质教育的全面推行使我们对体育教育的当代社会地位与社会价值更加明晰，同时保障了学生学习体育知识、参与体育锻炼的权利，这与全面教育方针政策的相关要求高度一致，对加快体育教育改革和推动体育教育健康持续发展具有重要意义。

2. 实施体育教育有利于实现素质教育的目标

个体在先天遗传和后天环境因素的共同作用和影响下而形成的身心特征及其他特质就是所谓的素质。一个人的综合素质是由身体素质、心理素质、道德素质、文化素质、审美素质等多元素质共同构成的。通过素质教育要达到全面提高学生综合素质的目的，促进学生各方面素质协调发展和整体素质的综合提升，即实现全面发展的目的。而实施体育教育则有助于实现素质教育的这一目标。

体育教育在增强学生体质、提升学生心理素质、培养学生道德品质、塑造学生审美与文化素质、健全学生知识结构体系、推动学生社会化发展等方面发挥着独特的价值与重要的作用，体育教育在促进学生全面发展方面的功能作用是其他学科教育所无法比拟的，因此应将体育教育作为实施素质教育的重要突破口，重视体育教育，为社会培养全面发展的现代化人才。

二、体育管理学理论

（一）体育管理的基本理论

1."以人为本"理论

"以人为本"是现代体育管理的基本理论和指导思想,在以人为本理论下进行体育管理,就要以人为核心来开展一切体育管理工作,尽可能最大程度地满足人的合理需求和期望。只有使人的需求得到了满足,才能将人的积极性调动起来,促进体育管理工作的顺利开展和管理效率的提升。"以人为本"不是空洞的口号,而是具有真实的内容和丰富的内涵。在现代体育管理中落实以人为本,就要对人的真实需求有充分的把握,对人的积极能动性加以激发与调动,将刚性管理与柔性管理结合起来,并做好利与义并重。

在"以人为本"的管理理论出现之前,"重事轻人"与"重人轻事"的观点曾对社会管理产生过很大的影响。古典管理理论也是管理理论发展中对社会管理产生重大影响的一个重要理论,将经济刺激和制度管理相结合来提高管理效率是古典管理理论的主要观点。随着管理理论的不断发展,行为科学管理理论逐渐形成,提出了"以人为本"的管理思想,指出一切管理活动都要以人为主体,做好人的工作即为管理的关键,具体要充分发挥人的能动性,创造良好的环境,使人有创造性地开展管理工作,提升管理效果,实现理想的管理目标。将"以人为本"管理思想和理论运用到体育管理中,关键要做好选人、用人、管人的工作。

2.系统理论

系统理论起源于20世纪20年代,但该理论迅速发展及得到广泛应用是在20世纪40年代之后,这一管理理论的实用价值很强,主要在经济、军事、农业、工业、体育和教育等领域的管理中得到广泛应用。

系统理论的基本观点是,任何事物都是一个由诸多要素有机组成的"系统",系统内各个组成部分之间密切联系,同时与系统外部环境存在一定的联系,系统内、外环境之间及系统内各组成部分之间是互相联系、互相影响和互相制约的,有机把握系统内部联系,处理好系统内外关系,有助于促进系统功能的增强和系统运作效率的提升。

我们可以将体育看作一个系统,对该系统的建立、管理及运行本身也是一项系统而复杂的工程。现代体育有三大支柱,分别是体育科学、体育技术和体育管理,体育技术的发展和体育管理的落实都离不开体育科学,体育科学的发展也离不开体育技术和体育管理这两个必要条件。在现代体育管理中,从行为科学理论出发,充分发挥基本管理职能(决策计划职能、组织指挥职能、控制职能等)来促进各项管理要素的有机组合及其效能的发挥,从而完成管理任务。

现代体育管理不同于传统的小生产方式管理,要从不同层次、角度出发来进行全方位管理,全面管理各个层次中的管理对象。现代体育管理系统中的管理主体、管理机构、管理法规制度等都是密切联系的,同时与系统外界环境也保持一定的联系,这符合"天人合一"的传统哲学观,将所有事物置于一个整体中去分析它们相互影响、相互制约的关系。

在系统理论下进行体育管理,重点要做到以下几点。

(1)优化系统结构

优化体育管理系统,主要是弄清管理层次,确保决策层、管理层、控制层等各个层次清晰明了。要合理组建领导班子,不要追求人多,而要以精干、团结为主。

(2)明确系统的目标

第一,要依据科学理论和实践经验而制定符合体育发展现状的正确、具体的系统目标。

第二,要确立不同类型的目标,如长期目标与短期目标;集体目标和个人目标等。要量化目标,以便对照目标而评价管理系统的运行效果。

系统目标不止一个,要分清主次及先后次序,按一定的顺序与逻辑合理排列目标,按目标排序来有条不紊地开展管理工作,依次实现各个管理目标,最后实现管理总目标。

(3)树立全局观

现代体育管理系统中各个组成部分紧密联系,要做好各要素之间的协调工作,从全局视角出发来推动系统的整体运作,提升整体效率。在体育管理中既要观察系统的运行现状,又要预测系统的未来运行趋势,预测风险,加强防范,使现在与未来、已知和未知紧密联系,通过实现短期阶段目标而逐步实现长远目标。

树立体育管理的全局观,还要总体设计管理系统的运行规划,出一个整体方案,对系统运行中的薄弱环节做到心中有数,并依据理论与现实来判断系统运行的风险,做好防范准备。此外,要将系统中各要素的竞争与协同关系处理好,二者缺一不可,系统若没有竞争,就失去了前进的动力,而若没有协同,也就不可能向前发展。竞争与协同并存,并保持良好的关系,如此才能推动系统运作,因此在体育管理中不能盲目排斥和消除竞争,要勇于面对竞争,在竞争中前进。

（二）学校体育管理

学校体育管理是一项较为复杂的系统工程,包含多个目标、多元结构和多个系列。学校体育管理的内容大概包括学校体育专业管理和学校体育保障体系管理两大类别,各类中又包含若干具体的管理内容。学校体育管理的内容体系如图 2-2 所示。

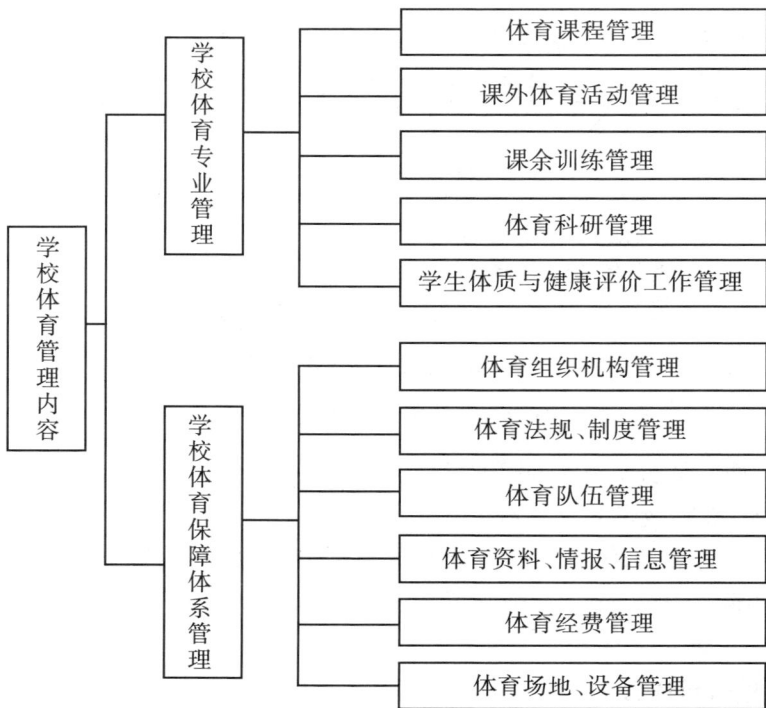

图 2-2　学校体育管理内容体系[①]

[①]　肖林鹏 . 现代体育管理（第二版）[M].北京： 北京体育大学出版社,2009.

学校体育管理内容较多,限于篇幅,下面只分析学校体育专业管理中的体育课程管理和课外体育活动管理,从而提高体育课程建设质量及课外体育活动的开展水平。

1. 体育课程管理

在学校体育改革与管理中,体育课程管理既是重点,也是难点,它是一项包含诸多因素的系统工程。从系统理论出发,一般认为学校体育课程管理系统包括三个分支,分别是教师教学管理、学生学习管理和课程支撑管理,每个分支下又包含具体的管理内容和要素,完整的体育课程管理系统如图 2-3 所示。

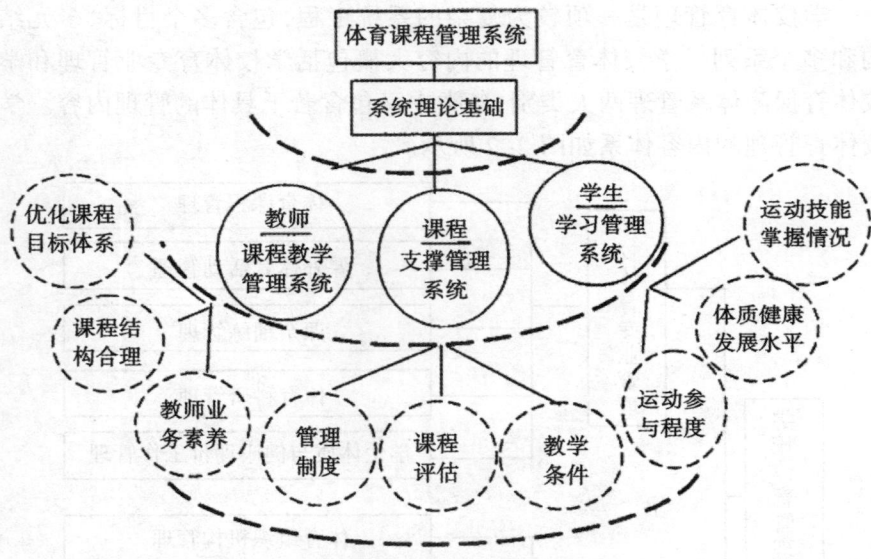

图 2-3　体育课程管理系统[①]

下面具体分析体育课程管理系统中的三大子系统和具体管理事宜。

（1）教师教学管理系统

在体育课程管理系统中,教师教学管理系统居于核心地位,直接影响其他两个子系统。教师教学管理中主要涉及以下三个方面的管理事宜。

第一,对体育课程目标体系的优化,对体育课程目标的层次、难度及

---

① 顾圣益.现代体育管理学:基础与应用[M].大连:大连理工大学出版社,2004.

要求要有正确的把握。

第二,将体育课程结构合理化。体育教学模块和体育教学内容的组合与搭配就是所谓的体育课程结构。合理化的体育课程结构不仅包括体育课堂教学结构的合理化,还包括课外体育活动中众多模块与体育课程教学内容搭配的合理化,如体育教学内容与课余训练模块、身体素质锻炼模块、运动竞赛模块等的合理搭配。

第三,提升教师业务素养,侧重于丰富体育教师的理论知识,优化知识结构,提升体育教师的教学技能和创新教学能力。

在体育教师教学水平与教学质量的评价中,可以将以上要素作为主要评价指标。

（2）学生学习管理系统

在学校体育课程管理系统中,学生学习管理是根本。在学校体育教育中树立"健康第一""以人为本"和"素质教育"的思想与理念,一切从学生的现状和发展需求出发,从社会对人才的需求出发,对学生的知识素养、技能素养及综合素质进行培养。在学生学习管理中,主要管理内容和要素包括下列几方面。

第一,运动参与程度。体育教师要科学指导学生将课堂教学内容掌握好,鼓励学生参与丰富多彩的课外体育活动,提升学生的运动兴趣,使其形成良好的运动习惯。

第二,体质健康发展水平。鼓励学生通过积极参与课内外体育活动来提升体质健康水平和生活质量。

第三,运动技能掌握程度。对于学生而言,在体育课程学习中最主要的任务就是掌握运动技能,学生只有将运动技能掌握好,拥有一定的运动能力,才能采取运动手段来增强自己的体质。需要注意的是,学生掌握运动技能并不是完成的指标越高越好,掌握的技能越多越好,而是要掌握适合自己的,对自己健康有利的运动技能,如果一味追求高难度、高指标则容易发生运动损伤,危害自己的健康,并挫伤自己的运动积极性。

（3）课程支撑管理系统

在体育课程管理系统中,课程支撑管理居于基础地位,具有保障功效,对保障体育课程实施成效具有重要意义。体育课程支撑管理系统具体包括下列内容。

第一,优化管理机制。建立合理的学校体育管理组织机构,制定机构的运行机制和学校的体育课程管理制度。

第二,优化教学条件。对学校的体育教学资源进行优化,尽可能满足课内外体育活动开展的需要,满足学生参与校园体育活动的需求,提升学生的运动兴趣、参与积极性和参与效果。

第三,做好课程评估。定期检查体育课程目标的达成情况,从学校评估、教师评估、学生评估三个层次着手,将自评、互评和他评,定性评价和定量评价等多种评价方式有机结合起来。

学校体育课程管理系统的三大分支相互关联、相互促进,充分反映了体育课程管理的系统性和整体性。学校在建设体育课程方面的投入程度如何,可以从上述三方面着手制定标准来进行评估。

2. 课外体育活动管理

在学校体育管理中,课外体育活动管理是非常重要的组成部分。课外体育活动的开展是促进学生体质增强和健康水平提高的重要路径。加强这方面的管理,有助于促进学生体育知识的丰富和知识体系的完善,促进学生体育兴趣的强化,培养学生良好的运动习惯,提升学生的自主锻炼能力和自我保健能力。

在学校课外体育管理中,要建立符合学校体育目标的组织管理体系,该组织体系一般由主管校长来领导,下设具体的职能部门,职能部门下面又包括具体的年级组织管理和班级组织管理,逐层开展课外体育管理工作。在学校课外体育活动的组织管理体系中,既有纵向层次之间的联系,也有横向各部门之间、各年级之间以及各班级之间的相互协调,把握好纵向与横向关系,有序开展管理工作,落实管理方针政策,将有利于促进学校课外体育活动的顺利开展,提升开展效率和水平。高校在体育管理中具体可参考图 2-4 来组建学校课外体育组织管理机构,从而顺利开展各类课外体育活动。

```
                    ┌──────────────────┐
                    │ 主管体育工作的副校长 │
                    └────────┬─────────┘
                    ┌────────┴─────────┐
                    │  校体育运动委员会  │
                    └────────┬─────────┘
    ┌──────────┐   ┌────────┴─────────┐   ┌──────────┐
    │ 校团委、学生会 │───│   体育教学部     │───│  学院(系)  │
    └─────┬────┘   └────────┬─────────┘   └────┬─────┘
 ┌────────┴───────┐ ┌───────┴────────┐ ┌───────┴────────┐
 │ 分管团委、学生会体育部 │ │ 分管群体工作的主任 │ │ 院系分管体系的院长 │
 └────────┬───────┘ └───────┬────────┘ └───────┬────────┘
          │    ┌────────┐    │          ┌───────┴────────┐
          │    │ 体育协会 │    │          │   院系体育部长   │
          │    └────────┘    │          └───────┬────────┘
 ┌────────┴───────┐ ┌───────┴────────┐ ┌───────┴────────┐
 │ 组织与社会相关的各类 │ │ 举办各种院级体育 │ │ 举办年级、班级体育 │
 │ 体育社团活动     │ │ 竞赛和各种体育活动 │ │ 竞赛和各种体育活动 │
 └────────────────┘ └────────────────┘ └────────────────┘
```

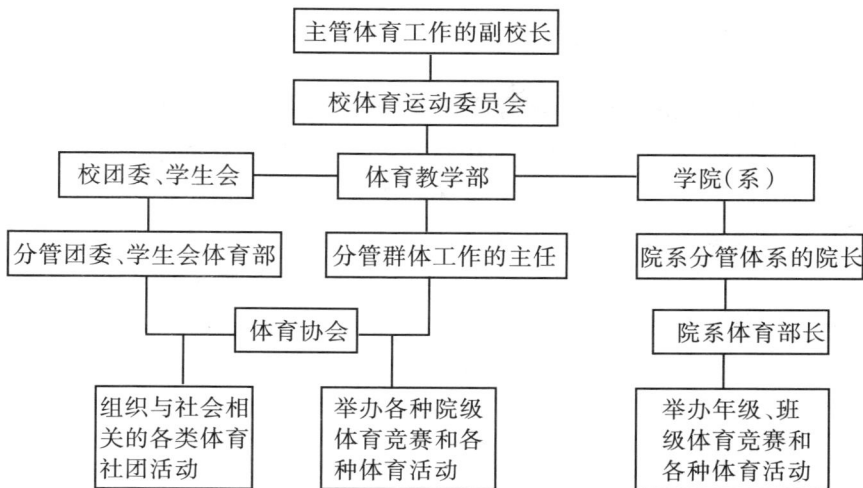

图 2-4　学校课外体育组织管理结构 [1]

第二节　高校体育课程资源开发

在体育课程建设中所利用的所有人力资源、物力资源、财力资源及其他类型的资源的总和就是体育课程资源。具体来说,所有有助于体育课程建设的因素,如师生、教学方法手段、场地器材、教育经费、时空环境等都属于体育课程资源的范畴。开发高校体育课程资源是体育课程建设的基础环节之一,对促进体育课程的具体实施具有重要意义。

一、高校体育课程资源开发的意义

体育课程资源开发的意义主要表现在以下几方面。

---

① 顾圣益.现代体育管理学:基础与应用[M].大连:大连理工大学出版社,2004.

（一）发挥课程资源的优势

所有可以为课程建设、课程实施、课程学习提供有利条件的资源都称作课程资源。我们要研究的是哪些资源能够提供有利条件。传统体育课程建设中，在学科中心主义指导思想下设置体育课程内容，对学科的逻辑性、运动技能的完整性过分强调，因而课程内容体系不符合素质教育理念，体育的育人作用也难以得到充分发挥。随着课程理念的更新，所有对体育学习有利的体育课程资源都将得到充分开发与利用，体育课程资源的教育优势和育人作用将得到充分发挥。

（二）提高体育课程的适应性

对体育课程资源进行充分开发与利用，能够使学校中对体育学习有利的所有设施资源在体育教学中充分发挥作用，如利用校园的林荫大道组织健身跑活动，在空旷场地开展健身操活动等。校园内平坦空旷的场地都可以利用起来，学生可以根据自己的需要参与一些简便易操作的体育活动，同时也可以利用学校的图书馆、计算机教室等获取自己需要的信息资源，这有效拓展了学生的体育学习空间。

校外的体育课程资源也可以为学生所用，这样学生的体育学习时间和空间便进一步拓展，有助于更好地增进健康，培养良好的运动习惯。鼓励学生利用课外课程资源和校外课程资源也能够弥补体育课堂教学的不足，扩大体育教学效果。

总之，对各类体育课程资源的全方位开发与灵活运用能够促进体育课程适应性的增加。

（三）充实体育课程内容

传统体育课程建设中，竞技运动项目在课程内容资源中占绝对比例，这主要是受传统教育观念（竞技体育教学思想、体质教育思想等）影响的结果。以竞技运动项目为主的体育课程内容过于单一，学生学习也比较枯燥，而开发利用各种体育课程资源将能完善体育课程内容体系，使体育课程内容更加丰富多彩。充实而完善的体育课程内容体系中不仅应包括竞技运动项目，还应包括民族民间运动项目、时尚流行运动项目以及经过改造后竞技性被弱化的竞技运动项目。丰富多彩的体育课程内容将使学生在选择学习内容时有更大的空间。

（四）提高体育课程质量

科学开发体育课程资源，并加以高效利用，将对体育课程质量的提升具有重要促进意义。开发各种有教育意义的体育课程资源，学生学习时便会有更多的选择，从而提升学生的学习兴趣和积极性，促进学习效果的改善。丰富的体育课程资源也为体育教师进行创造性教学提供了广阔的空间，从而有利于改善体育教学效果和提升教学质量。

（五）规范体育课程资源市场

传统教育比较随意，提出的规范要求较少，但在现代教育背景下，教育成为各国综合国力竞争的焦点，教育的国际化进程加快，人才的质量成为衡量教育水平的重要标志，因此有必要在教育中提出一些规范要求，不能随意解决教育发展中的问题，否则就是不负责任。

开发利用体育课程资源，广泛积累课程资源素材，科学加工、优化整理，将其充实到体育课程建设中，促进体育课程资源市场的不断完善，将有利于为进一步规范体育课程建设和提升课程质量奠定物质基础。

二、高校体育课程资源开发的主要内容

（一）体育设施资源

高校的运动场馆、体育器材、体育设备等都属于体育设施资源，它们是看得见、摸得着的有形资源。高校配置体育设施资源，要遵守国家规定，满足教学需要和学生需求，尽可能配置种类齐全、数量充足、质量达标的体育设施。

在体育经费有限的情况下，高校应根据实际情况进行简易器材的制作，对现有场地器材资源进行完善，将所有能够利用的设施资源充分利用起来,开发潜在资源,提高资源利用率。

（二）体育课程内容资源

体育课程教学内容是体育课程内容资源的主要组成部分。在体育课程教学中,体育基础知识、锻炼方法和各类项目的理论知识和技术方法等是主要的内容资源。开发丰富的体育课程内容,能够丰富体育课堂教学内容,形成富有特色的体育课程内容体系。体育课程内容资源具有以下几个方面的基本特征。

1. 健身性

身体锻炼方法、各类运动项目的技术方法是体育课程内容资源的主要组成部分,学生学习这些内容的过程也是进行身体练习的过程。学生在身体练习中必然会有对运动负荷的承受。承受适宜的运动负荷能够达到一定的健身效果,有助于促进体质健康。

2. 运动性

体育课程内容与身体练习活动密切关联,这是体育课程内容与其他课程内容的本质区别。体育课程内容"是以有关身体运动的学习和身体运动的技能形成为主要培养目标的内容;是以运动为媒介、以大肌肉群的活动状态进行教育的内容"[①]。

学生在体育课程学习中,不仅有思维活动,还有身体活动,不仅解决"不知"与"不懂"的问题,也解决"不会"的问题,其中涉及身体健康问题和运动技能问题。学生通过重复性的身体练习而掌握运动技能,增进健康,提升运动能力。

3. 娱乐性

体育运动项目是体育课程内容资源的主要来源,从竞技性、娱乐性身体游戏演变而来的体育运动项目充满娱乐性、趣味性,学生参与这些运动项目能够达到娱乐放松的效果。

---

① 毛振明.简明体育课程教学论[M].北京：北京师范大学出版社，2009.

4.非阶梯性

一般学科的课程内容结构具有明显的阶梯性,按照从易到难、从简到繁、从基础到提高的逻辑规律排列。体育课程内容没有像一般学科课程内容这样清晰的阶梯结构,很多课程内容如身体练习、运动项目等都是平行结构,在内容的安排上相对自由一些。

(三)人力资源

体育教师、体育教练、社会体育指导员、学生、运动员、队医、体育骨干等都属于体育人力资源的范畴。体育课程建设离不开这些人员的支持与参与,我们应调动各方面人员的积极参与性,尤其要尊重学生的参与权,使体育课程满足学生的多元需要。

(四)体育信息资源

学生获取体育信息主要是在体育课堂上,但一节体育课时间有限,学生获得的信息也是有限的,因此要寻求其他信息来源,将各种承载与传播信息的媒介充分利用起来去获取广泛的、最新的信息,如利用广播、书刊、电视、网络等资源获取丰富的体育信息。

(五)课外和校外体育资源

课外体育资源主要是指体育课堂外的体育资源,如课外体育活动、课余体育训练、体育比赛等。校外体育资源是指发生在校园外的体育活动,如社区体育活动、家庭体育活动、地方体育活动、体育俱乐部活动等。将课外体育资源和校外体育资源充分利用起来,构建课内外、校内外一体化的课程资源体系,有助于提升学生的体育参与度,使学生形成健康阳光的生活方式和良好的运动习惯。

总之,体育课程资源种类多样、内容丰富,加强对各类资源的开发利用,对推进高校体育课程建设与提升体育课程质量具有重要意义。

三、高校体育课程资源开发的原则

高校体育课程资源开发要贯彻以下几项基本原则。

（一）自主性原则

高校体育课程最终是由体育教师实施的,在体育课程实施中,教师作为实施主体始终都是非常重要的一环。同样,开发体育课程资源离不开体育教师的直接参与,所以体育教师在体育课程资源开发方面具有充分的自主权。高校体育教师可以从学校体育教学情况和教学对象的实际需要出发,对体育课程资源进行具有针对性的开发,立足实际而设计体育课程与教学方案,并在课程实施中对各类课程资源进行加工、调整和完善,充分发挥各类资源的价值与功能,从而提高高校体育课程的质量,使课程实施效果达到理想目标。

（二）开放性原则

开发利用高校体育课程资源还应该贯彻开放性原则,具体要从三个方面体现开放性,第一是开发课程资源类型的开放性,第二是开发利用课程资源空间的开放性,第三是开发利用课程资源途径的开放性。高校体育教师应从这三个方面的开放性出发,对丰富多样的,能够满足教学需要及为课程目标服务的课程资源进行多元化开发和充分利用。

（三）优先性原则

体育课程资源本身类型多样,内容复杂,要同时开发利用各类课程资源是不现实的,开发主体要对在开发利用范围内的课程资源进行细致分析和对比研究,对具备条件的、符合大学生兴趣爱好以及对大学生健康发展有益的课程资源优先开发,只有先调动学生的兴趣,使学生认识到该课程对自己有益,才能逐步提高体育教学效果。

（四）适应性原则

开发高校体育课程资源要贯彻适应性原则，具体是指既要对体育学科的发展规律加以遵循，将体育课程发展的进展和成果反映出来，又要对大学生的身心特点、认知特点、学习规律等加以考虑，同时高校的实际教学条件、体育教师的教学素养等也是必须考虑的要素，从而使开发出来的课程资源符合学校实际，适应师生特征，满足学生需求。如果脱离现状，忽视了课程资源开发与课程实施环境的适应性，将容易造成课程资源的浪费，这样课程资源的开发利用也将以失败告终。

（五）安全性原则

高校体育教学中，增强学生体质，促进学生健康发展是最重要的目标，在以人为本、健康第一的教学思想下，开发利用体育课程资源必须秉持安全与健康理念，贯彻安全原则。只有先确保大学生在体育课程学习中健康与安全，才能进一步塑造朝气蓬勃、精神焕发的大学生形象，才能鼓励大学生追求时尚、追求美、追求全面发展。

高校体育教学环境相对来说是比较开放的，体育教学作为高校教学的一部分，其教学环境的开放性也是显而易见的。教学环境越开放，影响教学过程和教学结果的显性因素与隐性因素就越多且越复杂，如果师生难以应对错综复杂的开放性教学环境因素，那么发生意外事件的可能性就比较大。鉴于此，在体育课程资源开发中必须时刻考虑安全问题，开发主体的安全意识要高，要具备安全教育能力，使体育课程在安全的环境下顺利实施，使各类课程资源在良好的教学环境中充分发挥作用。

（六）本土性原则

开发利用高校体育课程资源时，本土性原则也是必须遵守的原则之一。在本土性原则下开发的高校体育课程资源应该既丰富又独特，要能够体现出地方特色，尤其是民族特色。地方特色鲜明的体育课程资源对大学生而言更有吸引力。

（七）经济性原则

开发利用课程资源,既要投入资金,又要投入时间,还要投入精力去学习,这就涉及开发资金、开发时间和开发学习过程的经济性。课程资源开发的经济性特点要求我们开发与利用高校体育课程资源必须贯彻经济性原则,也就是要考虑开发成本。一般情况下,开发成本过高的体育课程在普及推广时难度比较大,而且学生的学习成本也会随之增加,这样的经济代价是很大的,对高校而言是比较沉重的负担。鉴于此,今后开发利用高校体育课程资源必须考虑经济性因素,降低成本,提高效率。

（八）目标导向性原则

不同课程资源的特点不同,功能与作用有差异,最终服务的教学目标也不同。也就是说,不同体育课程资源对不同体育教学目标所起的作用是有差异的。这就要求在高校体育课程资源的开发中坚持目标导向性原则,先明确课程目标,然后依据目标开发课程资源,提高资源开发的针对性与目的性,最终开发的课程资源在利用之后要能够有助于课程目标的实现,真正为顺利实现课程目标而服务。

（九）共享性原则

对高校体育课程资源的开发利用不仅仅是开发主体自己的职责与任务,单靠个人的努力是不够的,而需要有关方面共同努力、相互协作。在具体开发利用过程中,要争取社会力量的支持,适应社会发展对体育教育的需求,使高校体育教学与社会经济、社会文化、社会生活方式以及社会教育资源共享、协调发展。如此才能将所开发的课程资源的价值更加充分地发挥出来。资源共享不仅是指有形的显性课程资源的共享,还包括开发思路、开发理念、开发经验等无形资源的共享。

在高校体育课程资源开发利用中贯彻共享性原则,关键是要体现一种思想,提供一种思路,而不是简单地提供劳动成果。

四、高校体育课程资源开发与利用的基本途径

对高校体育课程资源的开发可参考课程资源开发的基本途径,具体如下。

展开社会调查,了解社会需要,动态追踪社会需要的变化与发展特征,预测发展方向与趋势,充分把握社会机遇,从而有针对性地确定体育知识和技能内容。

从学生的日常生活和学习中挖掘对学生成长和发展有利的各种课程资源,开发利用各种课程素材,并创造条件使其在课程中落实。课程素材的来源主要包括知识与技能、教学方法手段、情感态度与价值观、生活经验与教学经验等。

对学生的知识结构、学习基础、学习经验进行调查分析,了解他们已经具备的知识、技能与素质,清楚有哪些应该具备的知识、技能与素质是学生目前尚不具备的,重点开发这些资源,为课程建设提供参考。

对课外、校外课程资源加以鉴别和利用,利用这些知识财富为学生开辟广阔的学习空间。

加强课程资源管理,建立数据库,将校内外课程资源纳入数据库,为学生查阅、分享提供便利。

第三节 高校体育教材化建设与校本课程建设

一、高校体育教材化建设

(一)体育教材编写

1.高校体育教材编写的特点

高校体育教材编写应体现和突出教材的如下特点。

（1）突出教材的价值引导作用

将价值观教育融入体育教材中，以学生为本，以学生的全面成长为出发点，尽可能通过改造传统运动项目、引进时尚运动项目使学生的个性需要、兴趣爱好得到满足，促进学生身心健康和人格健康完善水平的提升。

（2）突出教材的个性、情感

结合学生的实际生活而适当选择教材内容，打破和消除传统教材建设中以学科为中心的局限和弊端，要打造个性化的、能够满足学生情感需求的、切合实际的教材。

（3）突出教材的社会适应性

认识体育教材与社会科学、社会技术、社会人际情感的相互关系，树立"STSE 教育理念"，教材内容要有利于学生的未来职业选择以及对社会生活的适应。

（4）突出教材的文化性

编写教材时，要将民族民间体育项目融入其中，通过民族民间体育教学来增强学生体质，弘扬民族优秀文化。

（5）突出教材的实践效应

在健康第一教育思想的指导下，构建融体育教育和健康教育于一体的新课程体系，以体育教育为主，健康教育为辅。体育教材要对学生健康成长与全面发展有现实促进意义，将体育与健康知识、方法、技能及相关内容合理编入体育教材中。

（6）突出教材的民族性、地域性和校本性

高校体育教材尤其是校本教材要突出本地或本民族的独有特色，将教材内容的民族性、地域性突显出来，通过创造性的设计与编排而突出教材的多元性和特色化。

2. 高校体育教材编写的程序

编写高校体育教材要遵循一定的程序，按照最优程序循序渐进地将体育素材加工为体育教材，保证体育教材的科学性、教育性以及可操作性。编写体育教材的程序具体如下。

（1）审视素材

体育教师要用基本教育观点去审视积累的运动素材，判断运动素材与教育性原则是否相符，是否与社会价值观念一致，是否存在安全隐患,是否有利于学生的身心健康,通过判断来决定是否将其作为备选的体育教材内容。

（2）鉴别运动的功能

所有的体育运动项目都具有强身健体、愉悦心理、提高运动技能的功效,但不同类型的运动项目都有自己最为突出的功能,也就是说各个运动项目都有自己的主要功能和次要功能,即使同类运动项目,也可能因为运动方式、运动目的的不同而在功能上有一定的区别。对此,要根据体育教育目的对不同的运动项目进行分类或合并,这是体育教材编写中非常重要的一个环节和任务。

（3）分析典型性

通过鉴别运动项目的功能,对运动项目进行分类后,要选择其中具有典型性和代表性的项目。很多体育项目性质相同,功能类似,要将其全部纳入体育教材是不现实的,因此要通过对比分析、综合判断来选出某类运动中的代表性项目,这有利于精简教材,去粗取精。

（4）对应具体的教学目标

体育教学目标因教学阶段、教学对象的不同而有所不同,在不同教学阶段,面向不同的教学对象,要从该阶段的教学目标出发而选择相对应的教材内容,这是精选教学内容的关键步骤。

（5）分析教材实施的"可行性"

选择与教学目标对应的教材后,要对教材的实施条件进行分析,具体就是根据教学条件而进一步编排教材内容,尽可能保证在现有教学条件下能够顺利实施教材内容,实现教学目标。

（二）体育教材化建设策略

1.建立明确的指导思想

体育教学课程的根本目的是增强学生体质,但增强体质不是一朝一夕就能实现的,需要经历一个漫长的过程,不仅只依靠体育课堂教学,还要开展课外体育活动。因此,高校体育教材化建设应坚持"健康第一""终身体育"的指导思想。在体育教育中,传授体育知识、运动技能以及开发学生的智力都离不开专业教材,这是必不可少的教育工具。

体育教育观念的变化与特征能够通过体育教材体现出来。体育教材是体育知识的载体,是体育教育改革成果的重要表现形式,是体育教师传授知识和培养学生的重要媒介资源。要实现体育课程的根本目的,就要在科学的、明确的指导思想下进行体育教材化建设与改革,为体育教材化建设提供明确的方向。

2. 合理定位

在体育教材化建设中要将下列两个定位充分把握好。

第一,基于对大学生身心特征的了解而进行教材编写专业人员的定位,以科学严谨的态度编写教材。

第二,将教材编写目的、编写对象的定位把握好,明确"为什么编写教材"和"面向谁编写教材"两个问题。

除了把握好上面两个定位,还要在教材建设中充分贯彻和体现健康第一的宗旨,从过去强调运动技术向关注学生身心健康转变。此外,体育教材建设还要不断与时俱进,将知识教育、情感教育、价值观教育有机结合起来,在传递知识的同时丰富学生的情感,培养学生的人文素养,如此更能发挥体育教材的价值。

3. 结构设计合理

体育作为高校的一门课程,其教材建设也要符合课程论的要求。知识结构是教材建设的主线,各学科都有知识的系统性和递进性,体现的是由简到繁,由浅到深的层次关系,从小学体育到大学体育再到终身体育,也存在系统性和关联性,所以,高校体育教材建设要符合大学生生理、心理发育的需要。

另外,个体差异大,运动习惯和爱好不尽相同又是体育的另一特点,据此,教材编写在具有课程的统一性外,还要有多样性,从育人角度出发,应包括一般知识结构和能力培养结构,一般知识结构主要包括体育的基本理论、原理、方法等,满足体育基础教育的需要;能力培养结构是教材的特点的体现,通过掌握体育知识的过程,把认识体育价值、培养锻炼习惯、增强健身意识、形成良好的体育素养贯穿在教材学习之中。

4. 加强内容的创新

创新是体育教育延续的生命,改革是体育教育发展的动力,体育教材化建设必须与时俱进,加强内容创新,打破传统教材化建设的壁垒,优化教材结构,解决传统体育教材中的常见问题,如"繁""难""多""旧""杂"等,如此才能使体育教材焕发生机与活力。

5. 突出系列化、立体化

当前,我国高校体育教材建设呈现出系列化、立体化的良好态势与趋向。编写体育教材要关注学生的个体差异,如为了使体育基础教育的需要得到满足,应开发与完善基础性知识,为使体育爱好者的兴趣和个性需要得到满足,须补充拓展性知识。

体育教材设计既要保持一体化,又要在此基础上进行系列化改革,从实际出发进行板块重组,分册编写体育理论教程和实践教程,并保持二者之间的紧密联系。

此外,将多媒体手段运用到体育教材化建设中,突出教材的立体性、灵活多样性和可选择性,这也是人本教育理念的基本要求。

二、高校体育校本课程建设

(一)体育校本课程建设的特征

1. 建设依据的明确性

体育校本课程的开发与建设要以国家和地方的课程标准为依据,将校内校外体育资源充分利用起来,从学生的实际需求出发进行针对性开发。开发体育校本课程不是为了将国家课程取代,校本课程的开发必须在不违背国家和地方课程标准的前提下进行,在国家和地方课程计划中校本课程始终都是一个举足轻重的组成部分。

2. 建设基地的针对性

体育校本课程建设是体育课程创新的表现,建设基地以学校为主,在体育课程改革中,拥有强大育人功能的学校是不可缺少的主阵地。学校作为建设基地,要将本校与校外的体育资源、教育资源充分利用起来,通过资源整合而强化资源价值,形成教育合力,形成学校特色。

3. 建设主体的核心性

课程建设的过程也是理想课程向现实课程转化的过程,在这个转化过程中,学校发挥着不可替代的主阵地作用,而教师作为建设主体,发挥着重要的组织管理作用。体育教师作为体育校本课程建设的主体,不仅有权力决定"怎样教",同时也有权力决定"教什么"。在体育校本课程开发中,体育教师的主体地位不可动摇,虽然社区人员、学校领导、部分学生也参与开发,但都不能替代教师的主体地位。

4. 建设内容的开放性

随着体育课程的深入改革,传统体育课程建设中课程纲要编写的"一刀切"模式逐渐被打破,高校可以在更广阔的空间内选择课程内容,这充分反映了体育校本课程建设内容的开放性。

(二)体育校本课程建设的意义

体育教育要根据学校自身的独特性建设更有实际意义的教学内容,而开发与建设校本课程是形成体育特色的重要举措,具体来说,该举措具有以下几方面的意义。

1. 弥补国家课程开发的不足

我国各地院校的教学环境、教学条件、学生需求等因地域差异、经济差异、文化差异等的影响而存在一定程度的区别,因此各地体育教育也应有所区别。国家体育课程偏重于统一性要求,一定程度上与地方教育需求、各地办学条件以及各校师生需求等存在脱节的问题,无法使地方的教育需求和学校的具体需求得到满足,而开发校本课程可以恰恰弥补这一不足。

2. 形成学校体育特色

在体育校本课程建设中,强调各个院校将本校的体育资源充分利用起来,自主规划课程结构,设计课程方案,并对本校体育课程的运行负责。这对高校发挥自身资源优势、形成本校特色非常有利。学校体育特色代表了一种相对稳定的具有普遍性和集体性的体育行为风尚,代表着学校的体育环境和体育氛围,具有群众性、相对稳定性以及自觉性。良好的学校体育特色能够发挥导向作用、教育作用、规范作用,同时也具有辐射功能,对促进高校体育教育的发展具有重要意义。

3. 促进教育民主化

教育民主应具备两个前提条件,一是政府权力下放,二是民间高度的参与意识和一定的参与能力,这两个条件密切相关,缺一不可。开发体育校本课程能够促进这两者的友好互动。

新时代背景下,我国高校体育改革进入了新的阶段,政府权力下放的程度较之前明显加大,根据三级课程管理的要求,政府权力的下放使得高校自主开发课程的空间得到拓展。这也对高校和体育教师的课程开发意识与开发能力提出了较高的要求。开发校本课程能够激发高校和师生的参与意识,使体育校本课程建设成为全员参与的集体活动。

4. 促进体育教育的合作

虽然体育校本课程建设是以高校为主阵地、以体育教师为主体的,但在课程建设中离不开外部支持,其中教育科研院所研究者、体育院校的优秀教师等都是非常重要的援助力量,院校必须主动与专业单位、人员建立联系,达成合作伙伴关系,这样既对校本课程的顺利建设有利,也对促进体育教育的合作与交流有重要意义。

5. 促进体育教师发展

体育教师是体育校本课程建设的主体,校本课程建设对参与主体的专业教学技能、科研能力均提出了较高的要求,所以说建立一支优秀的体育教师队伍是体育校本课程开发的一个基本条件。优秀的体育教师充分享有专业的自主权,在校本课程开发中能够自主决策,充分发挥自己的专业优势,实现自身价值。此外,体育校本课程的开发还有除体育教师之外的其他专业人士的参与,他们会对体育教师的开发提供支持、指导与帮助,体育教师在专业人士的指导下,或在与专业人士的合作中,不管是专业精神,还是专业技能,都能得到提升。

（三）体育校本课程建设的基本原则

高校体育校本课程建设要贯彻校本课程开发与建设的基本原则，主要包括以下几项原则。

1. 科学性原则

科学性原则是高校体育课程建设的第一原则，开发的校本课程必须是科学的，具体要符合以下两点要求。

（1）课程体系结构合理

高校开发的体育校本课程应在国家、地方课程的要求范围内，要与具有统一性要求的国家和地方课程相互补充、融合，形成结构合理、层次清晰的体育课程体系。

（2）课程内容科学

高校体育校本课程内容必须科学严谨，准确无误，有逻辑性、学术性和实效性。

2. 学校为本原则

高校体育校本课程的建设要以高校为主阵地，以高校体育教师为主体，以高校实际情况为依据，满足高校师生的需要，形成高校体育特色。贯彻学校为本的建设原则，要做到以下几点。

（1）一定要以高校为课程建设基地，以本校体育教师为课程开发主体。

（2）一定要从高校自身的特点、实际条件出发而进行校本课程建设，要解决高校体育教育的问题。

（3）将高校的育人理念、职业教育目标体现在体育校本课程的开发与建设中。

3. 整体性原则

高校体育校本课程的建设应在整体观视角下进行。在学校教育环境下学生获得的所有教育性经验都属于课程的范畴，可见课程本身就是一个不可分割的整体，因此在校本课程建设中必须贯彻整体性原则。

国家课程、地方课程和学校课程这三级课程是从管理的角度对课程进行的划分，而不是从根本上分割课程内容。体育校本课程建设从根本上来说是具有整体性的一种课程改革方式。在整体观的指导下进行体育校本课程开发，必须打破传统思想局限，突破零散化、碎片化的修补模式，在课程标准下从整体视角出发规划与设计课程，重组与改造课程资源，加强课程建设中各个环节的紧密衔接。

整体性原则要求必须在国家课程计划框架内建设校本课程，用校本课程弥补国家课程和地方课程的不足，追求国家课程、地方课程以及校本课程的均衡与协调。

4. 整合性原则

不同知识体系课程可以横向整合，基于这一认识而进行体育校本课程设计，对丰富的课程要素加以筛选，尊重各要素之间的差异，发现它们的内在关联，然后对其进行整合，建设有机统一的课程整体。

体育校本课程建设中整合的关键在于完成认知、知识、技能、情感等多方面的统整，重点要做好如下工作。

（1）学科间的统整

课程之间的横向联系是课程统整强调的一个关键，也就是将体育课程内容与其他学科课程内容联系起来，将学生所学的各学科的课程知识串联起来，促进学生综合知识能力的提升和综合经验的丰富。在体育校本课程建设中要培养学生融会贯通各学科知识以及综合运用这些知识的能力，使学生的学习经验更加完整。

（2）课程和学生生活的统整

结合学生的现实生活、个人经验而进行校本课程建设，只有根植于学生的生活经验、合理需求去设计课程，才能使课程的育人功能得到最大程度的发挥。课程统整要以学生的兴趣爱好、学习能力、学习需要以及个人经验为焦点，使课程内容真正融入学生的思想和内心中。

（四）体育校本课程开发程序

高校体育校本课程开发是一个系统而复杂的过程，需要按照一定的步骤有序开展。总体来看，高校体育校本课程的开发包括成立组织、情境分析、确定开发目的、课程设计、课程实施以及课程评价六个基本步骤。下面展开具体分析。

1. 成立组织

高校体育校本课程开发的首要步骤是成立开发小组,开发小组以体育教研人员为主,其他相关人员为辅。成立开发小组能够为体育校本课程的顺利开发提供基本的组织保证,能够宣传课程开发的意义,动员相关人员积极参与、广泛支持、提供服务,促进有关人员之间的交流互动。

成立体育校本课程开发小组时,体育教研组的主体地位不能动摇,此外还要将具有代表性的体育教师、社区人士、家长、学生纳入小组中,这些代表性人士中,要特别强调体育教师的主体作用。要秉着科学民主、合作开放的原则成立开发小组,广泛吸纳代表人士的参与,集思广益,形成教育合力,共同为开发高校体育校本课程做出贡献。

2. 情境分析

高校体育校本课程往往是针对某一高校或某一区域高校的特定学生群体而开发的。不同地区的经济水平、社会环境、人文环境、教育水平等都存在一定的差异,从而造成了各地区高校教育的差异,同一地区不同高校的教育也有差异,不同高校在校本课程设计中各有特点,主要体现在课程选择、课程目标、课程组织实施以及课程评价等诸多方面。只有客观分析高校的办学理念、教育目标、教育资源特色、教育条件、师生需求等实际情况,从各校实际出发去开发校本课程,才能达到预期的目的。

深入调查分析学校情境是高校体育校本课程开发中不可缺少的一个步骤,通过分析,将与本校实际最相符的课题筛选出来,进一步凸显学校的办学特色。

关于学校情境的分析,应以学校体育资源分析、学生需求分析以及学校体育教育问题分析为主。

3. 确定开发目的

高校在开发体育校本课程中期望得到的结果就是体育校本课程开发的目的。体育校本课程开发中,要将开发目的明确下来,一般来说主要包括促进学生发展、促进教师发展、促进学校发展三个目的。

4.课程设计

校本课程设计环节主要包括课程计划的制订、课程纲要的设计两方面的内容。

（1）课程计划的制订

关于体育校本课程开发的总体安排与设计方案要体现在课程计划中。课程计划是关于体育校本课程开发的指导性文件，由体育校本课程开发小组参与制订，制订该计划要以高校的办学理念、教育目标、国家和地方体育课程纲要精神以及学校培养需求为依据。

课程计划中要将各项课程活动的设置确定下来，对各项活动的安排顺序、时数等作出规定。

（2）课程纲要的设计

围绕体育校本课程而设计的关于课程开发的基本标准就是这里所说的课程纲要，其主要由体育教师设计。不管是体育校本课程教学评价，还是体育校本课程教学指导书的编写，都要以这一课程纲要为依据。

课程纲要主要包括两大部分，分别是说明部分和本文部分，各部分又具体包含多项内容。

①说明部分

包含课程的名称、类型、授课教师、授课对象和授课时间等内容。

②本文部分

课程目标：根据高校教育目的和培养目标确定体育校本课程目标，具体包含下列几个维度的目标。

·身心发展维度的目标

·认知发展维度的目标

·动作技能维度的目标

·情感态度维度的目标

·社会适应维度的目标

一般采用筛选法、参照法等方法来确定体育校本课程目标，确定目标时要注意综合考虑目标的整体性、可行性、适应性以及有效性。

课程内容：课程目标主要体现在课程内容中。在关于课程内容的安排中要注意以下几点。

第一，从学生的实际生活中筛选课题或主题，不要一味只参考教科书或教辅资料。

第二,课程内容要符合学生的兴趣爱好,要能够满足学生的学习需要。

第三,课程内容与学生的身心特点、认知特点相符。

第四,从校外体育资源中获取内容素材,如家庭体育资源、社区体育资源、俱乐部体育资源等。

体育校本课程内容丰富多样,对课程内容的安排与设计常常采用主题设计、单元设计以及分层设计等方法。

教学方法:从本质上而言,体育校本课程中学生"学"的特征表现为"在活动中学"。它是一种主动发现式的学习,而不是被动接受灌输的学习。因此体育校本课程教学中的教学方法应以协同教学、问题教学、情境教学为主,学习方法应以自主学习、合作学习、探究学习等为主。

5.课程实施

体育校本课程实施是校本课程开发的重要阶段,是将课程付诸实践、使其走进课堂的过程。课程方案是有待在实际中验证的假设,教师要善用多种方法、技巧发挥创意,根据学校特性和学生特点实施课程。体育校本课程的实施主要包括以下要点。

(1)课程的试验

校本课程开发是基于学校实际而进行的,旨在使体育课程更适合本校实际情况,在大规模实施前先进行小规模试验,积累经验以后,再进行大规模推广实施。在体育校本课程试验中要明确试验的目的和有待考察的内容,从中发现问题、提出问题,进而理清问题。

(2)课程教学方法的选择

体育校本课程实施中,选择有效的课程教学方法至关重要,对教学方法的选择要注意以下几点。

第一,充分发挥学生的主体作用,培养学生的主体参与意识。

第二,面向全体学生,关注学生个体差异,确保所有学生学有所获。

第三,注重探究式教学,培养学生的创新能力。

第四,注重合作式教学,培养学生的社会适应能力。

第五,发挥教师的主导作用和学生的主体作用,建立良好师生关系。

(3)师资培训

体育教师是校本课程开发的主体,要充分发挥体育教师的重要作用,就要开展以校为本、优质高效的师资培训。在师资培训中,以校本培训为主,以教师讨论交流为基础,培训形式应灵活多样。

在师资培训中要重点做好以下工作。

第一,强化教师的课程意识,引导教师树立正确的教育观、课程观,能辨别课程开发中的一些不正确观点与不规范行为。

第二,使体育教师明确校本课程开发的意义,了解高校体育校本课程开发的特点。

第三,使体育教师掌握体育校本课程开发的理论和方法,学会编写校本课程纲要。

第四,使体育教师开展优质高效的教学活动。

6. 课程评价

体育校本课程评价是对校本课程开发过程进行监控、开发质量进行判断的过程。体育校本课程评价更多的是一种形成性、发展性的评价,必须围绕校本课程本身的改进与提高而展开。概括而言,体育校本课程评价主要包括体育校本课程方案的评价、教师教学评价、学生学习评价三个方面。

第四节 高校体育课程建设的优化与发展

一、明确体育课程结构

课程内容一般都是按照一定标准选择和一定规律组织起来的,其中所包含的各种内部关系就是所谓的课程结构,具体表现为课程的比重,课程内容的排序以及不同课程之间的联系和渗透。体育课程目标能否实现,课程任务能否完成,一定程度上受到课程结构设置情况的影响。在体育课程结构设置中,要注意将校内、校外有机联系起来,以此满足教学需要,实现最佳教学效果,最大程度地促进学生体质的改善和运动技能的提高。

校内体育课程主要传授体育知识和运动技术,为学生打下良好的体育理论基础和技能基础,使学生掌握体育运动的知识和参与方法,为终身体育锻炼做准备。在选择校内体育课程内容时,应以体育与健康的基础知识和常见运动项目的技术技能为主。

校外体育课程是校内体育课程的延伸和拓展,在设置校外体育课程内容时,要尽可能让学生接触社会,与社会的互动更多一些,联系更紧密一些,以促进学生社会适应能力的提升。比如,可以设置拓展训练、定向运动、攀岩等课程,从而培养学生的探索能力和坚强的意志品质,促进不同学生对体育运动需求的满足。

此外,无论是校内体育课程还是校外体育课程,都应该创新教学组织形式,打破传统课堂模式,利用信息化教育技术打造网络教学平台,为学生开发能够自主获取和运用的学习资源,使学生时时刻刻都能上体育课,学习体育知识和技能。

二、加强体育课程资源开发

在高校体育课程建设中,开发体育课程资源是不可缺少的一环,体育基础设施、体育教师、体育教材等是体育课程资源体系中非常重要的组成部分,开发这几类课程资源尤为重要,下面进行简要分析。

首先,体育课程的实施是以体育设施为物质基础的,高校要从体育教学需要出发,加大体育基础设施建设力度,兴建体育场馆,对已有设施进行维护与更新,加强设施管理,延长设施的使用寿命,提升其利用率,从而优化体育教学物质环境。

其次,作为体育课程的执行者,体育教师的教学能力、综合素质对体育课程实施的质量和效果有直接的影响,甚至是决定性的影响。为促进体育课程顺利实施,最终取得良好的课程效果,有必要提升体育教师的业务能力和综合素质。高校在教育学生的同时也要注重对在职体育教师的培训,并积极引进优秀的体育教师资源,不断完善学校体育教师队伍的年龄结构、性别结构和学历、职称结构,打造优秀的、一专多能的教师队伍,使体育教师在自己的岗位上发光发热,为体育课程建设与教学工作贡献力量。

最后,体育教材是体育课程的载体,其内容是体育课程的核心,体育教材质量影响着体育课程的质量。所以,在体育教材编写和审定工作中,应根据各高校的体育教学需求,自编或引进国家规划教材,拒绝低质量的体育教材引入高校,实现体育教学效果最大化。

三、将高校体育与思政教育相融合

体育是健康教育和综合素质教育的统一体,是高校培养全面发展人才的重要途径。体育是高校教育的重要组成部分,也是大学生喜爱的课程,通过体育教学既要培养学生的健康体质,又要培养学生的综合素质。因而,高校体育课程目标可分为认知目标、身心健康目标、知识与技能目标、情感与价值观目标、社会适应目标等多个维度。认知目标主要是要提高大学生对体育的认知能力;身心健康目标主要是要提升大学生的身心健康水平;知识与技能目标主要就是通过传授体育知识与技能,培养大学生的体育基本素养;情感与价值观目标主要培养大学生的良好学习态度、正确价值观;社会适应目标旨在提升大学生的社会交往能力和适应能力。这些多维目标尤其是身心健康目标、情感与价值观目标、社会适应目标与思想政治教育目标有相通之处,如培养大学生积极乐观的生活态度、顽强拼搏的精神、公平竞争的体育道德素质、团结协作的能力、协调人际关系的能力、良好的行为习惯等。鉴于高校体育课程目标与思政教育目标在某些领域如出一辙,为更好地实现体育课程的多维育人目标,需将高校体育与思政教育相融合,在体育课程实施中树立课程思政理念,挖掘体育课程本身所具有的思政教育资源,在课程实施中渗透思政教育。

四、关注培养学生的核心素养

核心素养是多维度的一个概念,由多种关键素养构成,包含知识、能力、情感、态度及价值观等多元层面。它们具有整体性,如果把它们孤立分开培养,那么是不能形成社会所需要的核心素养,只有把它们结合起来,使之形成合力,才能形成我们所需要的核心素养。

学生核心素养必然是与"学生"这一特殊角色密切相关的概念。首先,从内容角度上讲,学生核心素养是其完成学业、适应未来社会、促进个人全面发展关键素养的集合。因此,它与公民核心素养不同,只包含与其学生这一身份相关的核心素养,这样才能避免研究的宽泛性,使学生核心素养更有针对性、更具有实践意义。其次,从覆盖范围角度看,它不但包含学习领域,而且还包括未来职业领域以及与职业发展相关的生活领域。

在高校体育课程建设中主要培养的是学生的体育核心素养,包括身体素养、技能素养、认知素养、情感素养和社会素养,也就是说,要通过体育课程教育,全面培养大学生的健康体质、运动技能、认知能力、体育情感和体育精神以及社会适应能力,进而实现全面育人。

第 三 章

课程思政视域下高校体育课程教学现状与改革

　　随着体育教学相关理论研究的不断深入和教学实践经验的不断积累，高校体育课程教学取得了显著的成果，切实促进了学生身心健康，提升了学生的体育知识水平和运动技能水平。然而，体育课程自身独特的思政育人功能尚未得到充分发挥，从而影响了体育课程关于情感、态度与价值观这一维度目标的实现。课程思政建设是落实立德树人根本任务的战略举措，为了通过体育教学培养全面发展的人才，有必要树立课程思政理念，在课程思政视域下进行高校体育课程教学改革，从而改善高校体育教学现状，在增强学生体质的同时进一步培养学生的体育意识与体育精神，提升体育课程教学效果和质量。本章着重基于课程思政探讨高校体育课程教学现状与改革，首先分析高校体育课程教学的一般现状与主要问题，然后针对实际问题提出改革的建议，最后从课程思政理念出发为高校体育课程教学的改革与创新发展提出可行措施。

第一节 高校体育课程教学的现状分析

随着素质教育理念的深入渗透,高校体育课程改革也迎来了新的局面,体育课程体系中的课程理念、课程内容、教学方法等要素都发生了一定程度的变革,高校体育教学较之前有了明显的进步与改善,如树立了健康第一的指导思想、更新了教学理念、教学方式更加新颖和多元、课程评价更加全面、课程管理更加灵活。但高校体育课程教学依然存在一些不足之处,主要是因为受传统教育观念的影响,体育课的地位与文化课相比还有一定的差距。下面主要从高校体育教学所处阶段和教学过程两方面分析其现状。

一、高校体育教学所处阶段的现状

现阶段,国家不断强调在教育教学中注重学生的主体性,发挥学生的自主性,培养学生的核心素养。在新的教育理念下,高校体育教学必须积极响应国家的号召,加强改革。当前,高校体育教学正在经历变革,试图转变传统教育模式,建立与国家教育改革需要相符的新模式,力图改变以往教育模式下的弊端,朝着符合国家要求的方向发展。高校体育教学改革正在如火如荼地进行,正处于非常重要的转型期、过渡期,即从传统教育模式转变为现代教育模式,这也说明高校体育教学处于新面貌替代旧面貌的阶段,新旧交替过程中,传统教育因素和现代教育因素难免会短暂并存,当新旧交替处于后期阶段时,现代因素会逐渐增加,传统因素不断减少,渐渐地,传统的不符合社会发展需要的因素完全被现代的与国家教育改革方向一致的因素取代,此时高校体育教学就实现了完全转变,但这需要一个过程,还需要我们在当下的过渡期和转型期不断努力。

二、高校体育教学过程的现状

了解了高校体育教学所处阶段的现状后,下面我们从体育教学过程这一角度着手了解高校体育教学的具体现状,具体包括高校体育教学目标现状、教学内容现状和教学手段现状。

(一)教学目标现状

高校体育教学目标的主要问题是定位比较低,将教学目标主要定位为增强体质,其实这是体育教学目标中层次最低的一个目标。而且在体育教学中过分强调强身健体的基础目标,忽视了其他教学目标,这说明存在教学目标过于单一的问题,这直接导致高校体育教学扎根不稳、不牢固。如果只强调体育教学的健身功能和健康目标,因为一学期的体育课时毕竟是有限的,学生能够掌握的体育知识和技能也是有限的,所以很难说体育教学能对学生的身心健康有多大帮助,很多学生都把体育课当作修学分的工具,一些高校的公共体育课更是流于形式,最后也无法真正使学生强身健体。

(二)教学内容现状

高校体育教学内容的主要问题是长期没有明显变化,更新不及时,传统教学内容居多,很多内容已与实际不符,脱离社会现实。一些体育教育工作者只认识到了体育教学的强身健体价值,他们认为传统的教学内容只要对学生身体健康有利就可以了,因而不再去对新的体育教学内容资源进行开发,导致体育教学内容长期得不到更新,学生一味学习陈旧的体育教学内容,久而久之,难免会对体育课失去兴趣。

当前,很多高校的体育教学内容和中学体育教学内容相差无几,并没有添加时尚流行的、更符合大学生身心特点的体育项目,忽视了大学生多元的体育需求。社会在不断进步,体育运动本身也在不断发展,新的体育理论成果和运动技能层出不穷,如果不与时俱进,及时将新的体育教学内容吸纳到高校体育教学体系中,那么终将导致体育教学的落后,最终影响大学生学习的积极性和热情。

（三）教学手段现状

高校体育教学手段的主要问题是模仿痕迹严重,而且教学手段既传统又单一,尤其是在实践课上,教师先示范技术动作,然后学生模仿练习,非常机械化,缺少师生互动和学生自主思考。造成这一问题的主要原因是传统教育理念对体育教师的影响颇深。

传统教育理念强调教师的主要任务是教,学生的主要任务是学,教与学分别属于两个教学主体(教师主体和学生主体)的责任,二者被分割开来,与教学相长相背离。在这种情况下,课堂的主动权完全由教师掌握,学生学什么,如何学,都是由体育教师主观决定的,学生学习的自主权完全被忽视。这种教育手段与学生实际脱离,无法满足学生的真正学习需求,最终教学效果不理想。

第二节　高校体育课程教学的主要问题

我国高校体育教育经过漫长的发展取得了良好的成绩,培养了大批优秀的体育人才和综合人才,但同时也存在诸多问题,制约了高校体育课程改革与发展的步伐。除了第一节提到的教学目标、教学内容和教学手段等教学因素的问题之外,教学设施、教学模式、师资力量、教学管理等方面也存在一些不可忽视的问题,下面具体分析这些主要问题。

一、场地器材缺乏

不管是开展体育教学活动,还是开展课外体育活动,体育场馆设施都是必不可少的基础条件。我国高等院校体育场地设施的规模、规格等和中小学相比达到了较高的水平,但因为受国家经济条件和教育投入的影响,再加上高校不断扩大招生规模,大量的在校生与较少的体育场地器材构成了明显的矛盾,导致高校体育教育基础设施环境建设面临着剧烈的挑战。高校体育场地设施缺乏也与有关部门思想上不重视体育教育有关,当前高校体育教育基础设施条件与新形势下高校体育教育改革要求和趋势严重不符,无法满足高校体育教育的发展需要。

具体来说,高校体育基础设施主要存在下列几个方面的问题。

第一,体育场馆和器材设备数量少,有些体育项目的器材设施短缺,制约了体育教育的开展。

第二,高校现有的体育场馆、器材大都是与高校开展的热门体育项目对应的,如田径、篮球、健美操等,而其他体育项目对应的场馆设施则较少,如游泳馆、足球场等。高校体育场地设施配置的单一性使得很多学生的运动需求得不到满足。

第三,高校体育场馆器材大都比较陈旧,存在严重的老化现象和破损问题,影响了正常使用。

二、理论教学薄弱

体育理论教学是高校体育教育的重要组成部分之一,其对体育实践教学具有重要指导意义。开展体育理论教学能够使学生对体育基础理论、基础知识、健康常识、运动保健知识等有基本的了解,并能使学生利用理论知识去指导运动实践。

高校大学生处于青年期,身心发展都已成熟,他们正处于接受高等教育,学习高深知识、寻求个性化发展和实现社会化的关键阶段,但这个时期的大学生也常常忽视运动健身,忽视身心健康与协调发展,从而导致体质水平下降。对此,开展体育理论课教学很有必要,通过理论教学,能够培养大学生的体育知识素养、正确的体育观念和良好的体育态度,使大学生树立终身体育观念,自觉参与体育锻炼。

当前我国很多大学生的体育意识比较薄弱,掌握的体育理论知识不够丰富,体育运动观念也不够科学、准确、先进,从而导致其运动锻炼的积极性不高,运动锻炼效果不佳,体质健康水平下降,并影响了其他素质的协调发展。造成这种现象的原因之一是高校理论课时少,理论课教材陈旧,教学内容的针对性不强,缺乏具有长期性和终身性的教学内容,理论教学内容体系有待完善。

三、教育模式落后

高校体育教育模式以传统的程序化模式为主,其特点是以教师为中心,体育教师严格控制教学过程,忽视学生的自主性和能动性,使得学生的学习积极性受到严重影响。在体育教学中,体育教师过分强调高负荷强度的训练,没有将素质教育理念融入体育教育中,忽视了对学生积极主动性和学习兴趣的培养,重智育和传授知识与技能,轻视对情感态度和综合能力的培养。这表明应试教育观念根深蒂固,素质教育、全面教育、创新教育等现代教育理念还需要很长的时间才能被完全认可并付诸实践。

传统教学观念影响下形成的体育教育模式的落后性表现如下。

(一)教育目标的落后

面向大多数学生的体育教育目标缺乏长远性,面向少数体育后备人才的教育目标虽然有长远性,但教育目标过分强调健康目标、运动技能目标,忽视了智育目标、素质教育目标、全面发展目标等,导致体育教育的本质功能无法得到充分发挥。

(二)教育内容的落后

高校体育教育内容的主要问题在于与中学体育教育内容衔接不当,弹性不足,内容单一,不够丰富多元,缺乏创新,对学生的个性化发展和全面发展不利。

(三)教育方法的落后

高校体育教育方法比较单一、陈旧,存在模式化、机械化问题,而且教师在实施教学方法时重灌输,轻指导,对学生的自主能动性和创造性造成了影响。

（四）教育评价的落后

高校体育教育评价方法比较单一，主要采用终结性评价法、技术评价法，对过程性评价、情感态度评价以及个性化评价不够重视，而且一味强调不同学生之间的横向对比评价，忽视了对学生的纵向对比评价，从而忽视了学生的进步和变化，不利于调动学生的学习积极性。

四、师资建设缓慢

高校体育教师是高校体育课程教学的组织实施者，是体育教育改革的探索者，也是体育教育的研究者。随着高校体育教育的现代化改革与发展，对高校体育教师的专业素质、教学能力提出了较高的要求，但目前我国高校体育教师专业化建设进程缓慢，师资队伍整体水平不高，具体存在以下几个主要问题。

（一）教师数量不足

高校体育教师数量不足是高校体育师资建设缓慢的主要表现之一。近年来，高校不断扩大招生规模，从而培养高素质人才，增加优秀人才储备量，推进人才强国战略，促进我国综合国力的提升。在校大学生的数量与在职教师的数量应保持合适的配比，招生规模扩大后，也要相应增加教师的数量，跟上"扩招"的步伐。但目前高校体育教师的培养速度显然落后于扩招的速度，师生比例失调，现有体育教师工作负荷不断增加，最终教学质量堪忧。

（二）高学历水平与高级职称的教师比例偏低

我国高校在职体育教师的结构不够合理，主要表现在学历结构和职称结构上，具体问题表现为高学历教师和高职称教师在体育师资队伍中所占比例较少，体育教师的学历水平和职称级别水平整体比其他学科教师队伍低。高校体育教师队伍学历水平偏低、职称级别整体不高、结构不合理的现状制约了高校体育教育的深入改革与进一步发展，也不利于培养优秀的高校体育创新人才。

（三）教师专业素养不高

我国高校体育教师大都毕业于体育教育专业，体育教育专业在培养教育人才方面存在重技术、轻理论的弊端，而且在育人方面忽视了将自然科学知识教育与社会科学知识教育融合起来，结果导致体育教育专业学生毕业走向体育教师岗位后因专业素养较低、综合素质欠缺而无法适应社会发展与教育改革的需求。

五、管理水平低下

高校体育工作管理是一个庞大而复杂的系统工程，是高校教育管理系统的重要组成部分之一。当前，我国高校体育教育管理薄弱，管理模式落后，存在诸多问题，与高校管理改革的时代要求不符。管理体系的落后导致体育教育管理的功能得不到充分发挥，体育教育工作得不到很好的监管，使得体育教育出现秩序不规范、质量下降等严峻的问题。

高校体育教育管理水平低下具体表现为管理制度的缺失和不完善，如缺乏良好的激励机制、教育评价机制、教师培养制度等，缺乏科学有效的管理措施，对体育教育中涉及的物质资源、人力资源以及财力资源缺乏全面的管理和有效的配置。

六、学生身体素质不高

大学生是高校体育教育的重要主体，高校体育教育的水平和质量直接反映于学生的体育观念、体育意识、体育锻炼情况以及身心素质等方面。调查了解到，很多大学生的体育意识薄弱，体育观念落后，没有养成良好的体育锻炼习惯，课余时间参加体育活动的学生以男生居多，女生较少，大学生掌握的健身锻炼方法较少，运动能力较差，运动保健技能水平不高，最终导致身体素质较差，体质健康状况不理想。大学生体育观念落后、体育锻炼行为习惯不佳以及身体素质水平不高与高校体育教育内容单调、体育教育方法落后有直接的关系。

七、教育技术落后

现代教育技术的兴起与发展及其在高校教育中的不断渗透与广泛应用促进了高校教育水平的提高,对高校各学科教学都有积极的促进作用。但现代教育技术在高校体育教育中的应用相对其他学科教育是比较少的,这与高校体育教育观念落后、体育教育实践课在室外这一特殊环境下进行直接相关。教育技术落后限制了高校体育教育的改革与发展,这个问题具体从以下几方面体现出来。

第一,体育实践课的实施场地是室外运动场,现代教育技术需要在固定的地点才能有效实施,这就制约了现代教育技术在体育实践课上的应用,使现代教育技术无法服务于体育课。

第二,不同的体育教师在教学观念、教学能力、业务素质等方面各有差异,因此对将现代教育技术运用于体育教育中的态度也不尽相同。有的体育教师对现代教育技术不熟悉,操作能力差,因而在体育教育中放弃了对现代教育技术的运用,最终制约了现代教育技术的普及。

第三,高校现代教育平台缺少专门的体育教学网站,现有的网络教学平台结构功能有待完善。

第四,体育教学中电子教学课件的制作比较难,课件缺乏较强的操作性,因而在体育教育中很少开发通用性的教学软件。

第五,部分体育教师过度依赖计算机教学手段,无论教育内容是否适合运用多媒体课件来传授,均制作多媒体课件进行教学。

第六,体育教师尚未全面了解现代教育技术的内涵,简单地认为现代教育技术就是现代化的教学工具和教学手段,在运用时没有将其与教育过程深入融合,制约了现代教育技术功能的发挥。

第三节　高校体育课程教学改革与发展的思考

一、树立"健康第一"的指导思想,注重学生的身心健康

高校体育教学改革的成功与否直接受体育教育观念是否先进、体育

教育指导思想是否正确的影响。高校是否按照素质教育的要求树立体育教育观和建立体育教育指导思想,对体育教育功能的发挥及体育教育质量产生了直接的影响。高校是否有先进的体育教育观念和明确的体育教育指导思想,对体育教育目标制定的合理性及目标的实现情况也有直接影响。

一些高校体育教师的教学观念比较落后,教学思想比较保守,传统的教学思维方式对体育教学改革造成了严重的影响和阻碍,对此,必须及时转变教学思想,更新教学观念,如此才能使体育教学改革取得突破,促进体育教学改革的不断深化,使体育教学改革成果取得质的飞跃。在新时代背景下,我国要立足国情,按照体育教育规律展开教学改革,优化教学思维方式,促进体育教学的纵深发展。

要进一步深入改革体育教育,就要树立"健康第一"的指导思想,对体育教育的深层次内涵进行挖掘与探索。在科学指导思想下强调以学生为本,注重培养学生的情感态度及价值观,采取有效手段对学生的学习兴趣、正确动机及学习能力进行培养。以学生为本,就要关注学生的身心健康和全面发展,关注学生的长远发展,这是人本主义教育思想的基本要求。

二、合理选用教材

在体育教学中不能忽视合理选用体育教材的重要性和必要性,选用适合的体育教材,有助于积极改善体育理论教学与体育实践教学。不同地区的高校因为各方面因素的影响,开设的体育课程存在一定的类型差异,不同地区高校大学生的身心素质、运动基础、学习能力也存在差距,所以要选用何种体育教材,需要从实际出发进行理性分析,建立科学的多元化的体育教材体系。各高校应结合本区域文化特色大力开发能够凸显独特文化特色的优质体育课程,满足学生的多样化。

高校应注重本校体育教材的质量问题,编撰符合教学实际的体育教材,在获得有关部门审核批准的前提下,使用本校撰写的校本教材。

三、合理安排教学内容

高校应丰富体育教学内容,激发学生对体育课的兴趣,根据不同类型课程的设置来明确安排教学内容,教学时要精讲精练,全面细致,突出重点。高校也可以根据考核内容制订教学计划,选择教学内容,提高学生的体育文化素养和体育学习能力,达到使学生树立终身体育理念的教学目标。

四、建立符合实际的教学模式

不同高校的体育教学条件、大学生的身心素质及运动素质等均有差异,因而不同高校的体育教育方案也是不同的,应严格贯彻因材施教的教育原则。体育活动形式本身就是丰富多样的,丰富多彩的室内外体育活动应融为一体,课内外体育活动应有机联系与结合。高校可以通过优化教学目标、改革教学手段、丰富教学内容、创新教学组织形式等方法来着手体育教育研究和探索,从而建立与学生兴趣相符、能够激发学生学习热情以及能有效提高体育教育水平的体育课程体系,使之与高校体育的整体发展趋势相适应。

五、建立与完善体育课程组织体系

高校体育课程组织形式丰富多样,选择什么样的组织形式要参考学生的兴趣爱好,高校应从学生兴趣出发开展体育课程的组织工作,充分把握学生的心理特征、合理需求,搭建网络选课平台,给学生自主选择的机会。不能强行给学生安排他们不感兴趣的体育课程,否则会引起学生的反感心理,得不偿失。

高校应具有多元化的课程组织形式,体育必修课要符合国家规定,选修课要满足学生的个性需要。高校还应从本区域的自然文化特色和社会文化特色出发设置有特色的校本课程,将本地特色项目作为选修课的内容,设置的运动项目既要有本地特色,又要能吸引学生的兴趣,满足学生的需求。

高校体育俱乐部教学也是当前比较流行的一种课程形式,俱乐部运动项目丰富、有特色,能够调动学生的参与热情和积极性。体育俱乐部的管理者一般由有体育特长的学生担任,这能够锻炼学生的组织能力和管理能力,提升学生的综合素质。体育俱乐部作为体育必修课和选修课的重要补充,既健全了体育课程组织形式,又丰富了高校体育教育内容,提高了高校体育教育水平。

六、改善师资教学水平

为优化高校教师队伍,高校可引进新的体育教师,为教师队伍注入新的活力,使得教师教学环境变得朝气蓬勃。另外,高校也应不断提高体育教师的专业水平,合理安排教师进修,使其了解新的体育专业知识,拓展知识面,与时俱进。高校应支持体育教师进行教学研究,注重对体育教学、素质教育以及教学发展趋势的研究,将理论研究成果运用到实践教学中,不断提升体育教师的综合能力,最终提高体育教学质量。

七、完善体育教育管理信息系统

随着计算机技术的飞速发展和互联网的大力推广,开发适合高校体育教育特点的体育教育管理信息系统,能够为高校体育教育运行和管理创造先进的信息网络环境,有利于节约人力资源,提高管理水平,实现体育信息资源共享,实施科学体育管理。

高校体育教育管理信息系统是基于高校体育教育实际情况及体育教育管理需要设计的,其功能模块如图 3-1 所示。

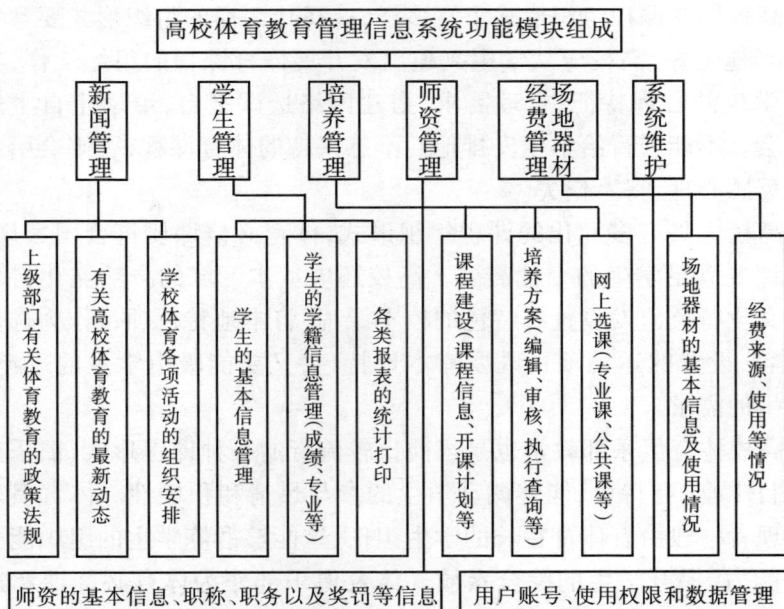

图 3-1　高校体育教育管理信息系统 [①]

---

① 　张楠.吉林省普通高校体育教学现状及对策研究 [D].吉林体育学院,2016.

第四节 课程思政视域下高校体育课程教学改革创新的策略

一、课程思政理念融入体育课程教学的意义

（一）课程思政具有深刻的教育内涵

课程思政是对传统教学理念的一种颠覆，它提供了一种全新的教学思路。课程思政转变了传统的依赖专业的思政课程进行教学的思政教育模式，将思政教学的任务下发到每一个学科教师的手中，促进专业知识的显性教育和思政教育的隐性教育相结合，构建思想政治理论课、综合素养课、专业课三位一体的高校思想政治教育课程体系和思政课教师、专业教师、校内外专家协同联动的育人体系，促进从"思政课程"主渠道育人向"课程思政"立体化育人的创造性转化。

课程思政这一教学理念的提出，不仅能够有效解决传统思政课程教育效果不佳的问题，更是对我国的体育教学体系进行了一次有力的冲击，为我国体育教学模式的发展提供了全新思路，有利于促进体育教学新模式的形成，进而为体育课程教学提供指导。

（二）摆脱思政教育孤掌难鸣的困境

传统的思政教育主要依赖思想政治教育理论课和团日活动进行，存在教学途径单一、教学效果不佳的问题。从思政课堂上来说，教学形式单一、教学内容枯燥、教学课时集中，很难吸引学生的兴趣，大部分学生是抱着"混学分"，应付教师的心理来上课的，自然达不到理想的教学效果。而将思政教育融入体育课程教学中，一方面能够拓宽思政教育的教学途径，改变传统的单一教学模式；另一方面也能发挥学生在体育课堂

上的主体作用,激发学生的能动性和积极性,提升思政教学和体育教学的效果。

(三)弘扬和传承体育文化

将思政教育融入体育课程建设与教学之中,实际上是在原有的注重体育技能教育的基础上增加对学生思想上的教育和引导,为学生感悟体育文化的魅力、传承体育文化创造了有利的条件。在体育课程建设中树立思政教育理念,能够通过思想政治和体育精神与体育文化之间的共通性,促进学生思想政治觉悟的提高,促进体育精神文化的弘扬和传承。

(四)推动体育课程改革

体育教学的任务不仅是将体育知识与技能传授给学生,培养学生的终身体育锻炼习惯,促进学生体质的增强,而且还要对学生的意志品质、思想道德品质、体育精神进行培养,促进学生人格的健全和各方面素质的全面发展。将体育课程与思政课程融于一体的体育思政课程既有体育教育的内容,也有思政教育的内容,结合两方面的优势教学内容构建体育思政育人体系,有利于促进高校体育教学过程的创新,包括教学内容、教学方法与模式、教学评价等多方面的创新,从而进一步深化体育教学改革,提升高校体育课程质量。

体育课程思政以思政教育元素为内核,这是落实"立德树人"任务的基本要求。将思政教育元素融入体育课程任务中,对学生的优秀体育品质进行培育,促进学生思想政治核心素养的提升。在体育课程教学中,确立"立德树人"的任务,在体育教学的整个过程中有机融入思政教育元素,促进体育教育目标和思政教育目标的实现。例如,将民族传统体育项目纳入体育课程教学内容体系中,对学生的文化自信进行培育;将思想道德评价指标纳入体育课程评价指标体系中,准确评估体育课程思政教育实施的效果。

(五)改善体育教学效果

课程思政教学从教育本身的角度上来说对改善体育教学效果具有

重要的意义。体育课程思政教学是将体育专业教学和思政教育结合在一起，一方面发掘体育课程中的思政教学资源；另一方面引导学生将思政课程的内容融入体育学习中。教师在上课过程中带领学生不断进行知识之间的切换和融合，引导学生发现知识之间的联系，这样不仅能够锻炼学生的思维转换能力，还能锻炼学生的知识运用能力，加深学生对体育知识、体育文化、运动技能的理解和掌握，提升学生的思想觉悟，最终实现提升体育课和思政课双课堂教学效果的目标。

二、课程思政视角下高校体育教学改革创新的策略

（一）更新教育理念，注重德育

教育理念是开展教学活动的依据，能够体现教学实践的风格和特点。在课程思政视角下进行体育教学改革创新，首先应该更新教育理念，注重德育。在建立教学理念的过程中要充分肯定"课程思政"的重要性，将课程思政融入学生培养方案之中，从教学目标、课程设置、教学方法、考核评价等各个环节，加大从行政到教学、从教师到学生、从活动到课堂等各个方面对课程思政的重视程度。课程思政的目标是对学生进行思想政治教育，培养学生的高尚品格，健全学生的人格，因此要在新的教育理念中突出"德育"的重要性，让教师认识到自己"教书育人"的根本任务。高校要响应国家的号召，根据党和国家关于课程思政的要求，积极更新教育理念，重视德育，发挥高校为国家培养全面发展的优秀人才的作用。

（二）改革教学模式，创新教学方法

在课程思政视角下进行体育教学改革，需要转变传统的教学模式，改变传统的教学方式。从教学模式上说，传统的体育课程注重对学生运动技能的培养，但是几乎不存在对学生思想政治的教育，而课程思政要求将思想政治教育融入各个专业课的课堂，在专业课内容中发掘课程思政的教学资源，有针对性地将思政教育的内容融入专业课程教育之中。在这种要求之下，教师需要转变传统的教学模式，在对学生的运动技能教学中加入思政教育的内容,实现两者的有机结合。从教学方法上来说,思政教育进入专业课程的课堂对教师来说将会是一个全新的挑战,教师需要认真钻研教学方法,采用丰富的教学形式,巧妙地将两者结合,激发学生的学习兴趣,使学生在体育课堂上不仅能获得运动技能,还能接受思想和价值观念的正确引导,提升自身的思想觉悟。

(三)提升教师综合素质,增强德育能力

教师是进行课程思政中非常重要的一个环节,教师自身的思想道德素质和教师实行课程思政教学的能力,都会影响教学效果,关系到教学思政的教学目标能否实现。因此,在推行教学思政的过程中一定要非常关注教师这一环节,注重提升教师的综合素质,增强教师的德育能力。

首先,教师对学生起到榜样的作用,教师自身的言行举止都会在潜移默化中对学生产生影响,所以教师一定要注意提高自己的思政水平,提升自身的人格魅力,使学生形成对教师的敬佩感和信服感。高校要加强师德、师风建设,提倡教师在课余时间参加思政学习,也可以组织相关的活动和培训课程,将教师集中起来进行学习培训。

其次,教师要提高思想觉悟,认识到对学生进行思政教育是一项艰巨但是光荣的使命,主动承担起德育的责任,引导学生树立正确的思想和价值观念。教师要积极探索推进思政教育进入课堂的有效办法,不断创新教学方法和教学模式,创建思政教育和体育教学的有机结合,不断提高自己的教学水平和教学质量。

(四)建立体育课程思政评价机制

体育教学评价中,传统的评价机制常常受到惯性逻辑思维的限制,导致评价方式单一,而在课程思政视域下,要对学生的体育学习成果进行多维度评价,包括知识、技能、道德品质等多方面的评价,从而判断体育课程的全面育人效果。此外,对体育教师的评价也要改革升级,这就有必要建设体育课程思政评价机制。

第一,建立科学的学生评价机制,除了评价学生的体育知识素养、运动技能水平外,还要对其思想品质、社会意识、集体主义精神等素养进行综合评价和考量。

第二，建立科学的教师评价机制，除了评价体育教师对体育知识、运动技能的传授能力外，还要评价其思政教育能力、将思政元素融入教学过程的课程设计能力以及全方位育人能力。

第三，建立健全师生综合评价机制，在内容方面体现责任、修养、情感、适应度等，真正实现从知识、技能向人文核心素养的延伸，最后内化为师生的一种综合素质。

第四章

高校体育课程思政建设理论与路径探索

随着课程思政理念的提出及其在高校体育课程中的深入渗透，一些高校的体育课程思政建设已经提上日程。加强高校体育课程思政建设是通过体育课程践行中国特色社会主义核心价值观的必然要求，是解决当前高校体育课程发展困境的有效手段，也是完成立德树人重要任务的重要路径。体育课程本身的思政属性就很鲜明，而且具有独特的育人功能，因而在高校良好的思想政治氛围中进行体育课程思政建设也具有可行性。高校体育课程思政建设既必要，又可行，在具体实施中要遵循科学理论的指导，结合实际情况探索有效建设路径，以提高高校体育课程思政水平。本章着重对高校体育课程思政建设理论与路径进行研究与探索，主要内容包括高校体育课程思政建设的理论基础、建设理念与原则、建设现状与影响因素、建设科学路径以及建设质量评价。

第一节　高校体育课程思政建设的理论基础

一、人的全面发展理论

要办好教育,就不能只是一味传授知识和技能,否则就不能称得上是优质的教育,好的教育除了要做好传授知识和技能的基本工作外,还要关注学生的健康状况,培养学生的道德品质和意志品质,提升学生的综合素养,促进学生全面发展。这是新时代我国人才培养中强调的重点,是构建全面发展型人才培养体系必须解决的课题。高校进行体育课程思政建设,着手体育课程思政教学设计,必须着眼于马克思主义人的全面发展理论,从而为课程思政建设与教学设计提供科学的理论依据。

马克思认为,教育应该是自由的,是能够促进受教育者全面发展的,如果依旧在传统分工体制下进行体力和脑力相分离的教育,那么就无法培养出真正的人才。从这一点来看,马克思的思想观念是,教书育人必须是对全面发展的人才进行培育,在人才培养中体育、智育、生产劳动教育必须是紧密结合的,不能分割。在教育上,马克思主张为增强学生体质,磨练学生意志,要加强身体教育,发挥体育的作用。体育和智育同等重要,而且技术培训、技能教育也很重要。将这三种教育结合起来,才能促进人全面而自由的发展。这一理念值得我们在体育课程思政设计中借鉴和参考。[①]

当代我国的教育方针是"培养德智体美劳全面发展的社会主义建设者和接班人",这是马克思主义关于人的全面发展的理论经过长期实践检验的成果。当前,我国政府高度重视教育事业的发展,并强调教育工作要让人民满意,要加强素质教育,实施公平教育,为中国特色社会主义建设培养全面发展的建设者人才。新时代、新形势对教育提出了新的要求,高校既要认真思考人才的质量,又要构建全面育人体系,也就

---

① 陈晓雪.《"立德树人"视域下大学体育课程思政建设研究[D].湖南工业大学,2022.

是培养德智体美劳全面发展的人才的教育体系,要在文化知识教育、思想政治教育中贯彻立德树人的教育理念。这是中国特色社会主义制度下对高等教育的新要求,也为高等教育制定人才培养目标提供了方向。

立德树人是非常重要的育人准则,优质的教育必须贯彻这一准则,"人无德不立,育人的根本在于立德""高校立身之本在于立德树人"。立德树人要求高校加强思想政治教育、道德品质教育和社会主义核心价值观教育,对学生的良好品质进行培养,为国家输送自尊自立、自信自强的优秀人才。我国的教育方针经历了多次变革,但重视教育事业、遵循育人规律是始终不变的。在课程思政理念下加强高校体育课程改革,实施体育课程思政建设,设计体育课程思政教学体系,能够促进高校人才培养质量的提升,使高校完成培育德智体美劳全面发展的社会主义建设者和接班人的重大使命。

二、人本主义教学理论

传统教育的基本格局是以应试教育为中心,而人本主义教学理论的出现打破了这一格局,推动了教育的转型,更加关注素质教育,通过素质教育促进人的全面发展。

从哲学视角而言,人本主义教学理论认为知识教育应该放在生命教育之后,应该以人本身的存在为第一位,育人是教育的实质,所以人应该成为教育的中心,围绕人来进行教育,从而培养人的个性、塑造人的才能、提高人的社会适应能力,使教育对象真正成为社会中的人。

从心理学视角而言,人本主义教学理论指出,教育要关注人的全面发展,在具体教学中要将思想教育、知识与技能教育、情感教育、价值观教育等结合起来,如果只是进行知识与技能教育,学生只有学习知识和运用技能的能力,那么不能算是全面发展的人,而在进行知识与技能教育的同时配合价值观教育、健康教育、道德教育、人格教育等各方面的教育,才能培养全面发展的人。

人本主义教学理论在教学目标上强调自由而全面的发展,强调自我价值的实现。马斯洛的需求层次理论指出,自我价值的实现属于最高层次的需求,可见人本主义教学理论中关于实现自我价值的教学目标并不是容易达成的,要先使学生最基本的需求得到满足,比如生理需求、安全需求,然后逐步向实现归属需求、尊重需求过渡,各层次的需求一步步得到满足后,最后也将满足自我价值实现的需求。

自我价值的实现具体在教学活动中从多个方面体现出来,如成功激发潜能、塑造正确的价值观以及获得全面发展,具体包括德智体美各方面的均衡发展以及各方面能力的提升。在人本主义教学理论下,高校体育课程思政建设与教学设计要坚持以人为本的指导思想,不仅要培养学生健康的体质,激发学生的运动潜能和提升学生的运动能力,还要将情意教育潜移默化地融入体育教育中,从而引导学生形成正确的价值观,并磨练学生的坚强意志,培育学生的集体主义精神,如此既能培养全面发展的社会主义建设者和接班人,也能继承人本主义教学理论,使该理论在实践应用中更加成熟与完善。

现阶段,以传授技术动作为主、对精神价值引领不重视的问题在我国高校体育教学中普遍存在,体育教师对"培养全面发展的人"这一育人目标缺乏深入理解,因此在体育课程思政设计中特别要以人本主义教学理论作为理论参考,强调精神价值引领的重要性,在以人为本的前提下通过体育思政教育培养全面发展的人。

第二节　高校体育课程思政建设的理念与原则

一、高校体育课程思政建设的理念

（一）落实立德树人根本任务,育人与育才相统一

深入贯彻落实习近平总书记关于体育和学校体育工作的重要思想,以立德树人为根本任务,把思想政治教育贯穿体育专业人才培养体系,全面发挥体育课程思政教学育人铸魂的重要作用,通过体育理论教学与运动技能教学,引导学生树立正确的世界观、人生观和价值观,培养有理想信念、有使命担当、有专业追求的大学生。[①]

在体育课程教学中避免单纯的知识和技能传授,将常规教学与价值

---

① 黄城昊.湖南省大学公共体育课程思政建设研究[D].湖南工业大学,2022.

观、品格和能力培养有机结合起来，真正实现以树人为目标，以育才为使命，促进学生全面发展。

（二）构建协同育人体系，显性教育与隐性教育相统一

首先，体育课程思政建设要树立面向所有专业学生的理念，使学生从体育课程教学中受到德育熏陶。

其次，要将课程思政的内容和方法在各门体育课程的教学过程中予以渗透，发挥体育专业课程的育人功能。

再次，要将体育理论教学、体育实践体验有机结合，增强课程思政的系统性，将体育课堂教学、课外体育活动、校外体育活动进行一体化构建，增加体育课程思政体系的丰富性。

最后，要重视显性教育和隐性教育的结合，显性教育侧重体育知识和技能的教学，而隐性教育侧重精神、品格和价值观等方面的培养。

（三）树立"健康第一"的理念，切实提高学生的健康素养

将"健康第一"的理念贯穿于高校体育课程教育教学全过程，把全面提升学生健康素养纳入体育课程思政教学体系，聚焦以健康观念、健康知识、健康技能、健康管理能力等为主要内涵的学生健康素养，促使学生养成健康文明的生活方式，培育学生积极向上、意志坚强、团结合作、坚持不懈的优良品质。[1]

二、高校体育课程思政建设的基本原则

高校体育课程思政建设要贯彻五项基本原则，如图 4-1 所示。

---

[1] 陈晓雪."立德树人"视域下大学体育课程思政建设研究[D].湖南工业大学，2022.

```
                    ┌──────────────────────────────┐
                    │      马克思主义指导原则        │
                    └──────────────────────────────┘

                    ┌──────────────────────────────┐
                    │  社会主义核心价值观引导原则    │
                    └──────────────────────────────┘
┌──────────────┐
│高校体育课程思政│    ┌──────────────────────────────┐
│   建设原则    │────│      问题导向性原则           │
└──────────────┘    └──────────────────────────────┘

                    ┌──────────────────────────────┐
                    │       可操作性原则            │
                    └──────────────────────────────┘

                    ┌──────────────────────────────┐
                    │  继承借鉴与改革创新相结合原则  │
                    └──────────────────────────────┘
```

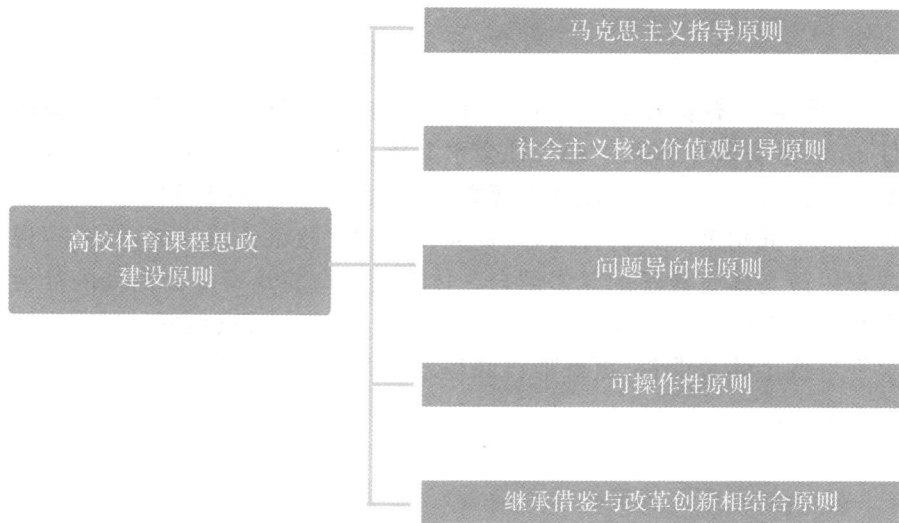

图 4-1　高校体育课程思政建设基本原则

（一）马克思主义指导原则

马克思主义是立党立国的根本指导思想,高校办学要坚持社会主义方向,将马克思主义作为根本指导思想。作为对社会发展主流思想进行传播的主阵地,高校的教育工作涉及众多学科和专业,无论是哪个专业或哪个学科的教学,马克思主义都是最根本的指导思想。同样,高校体育课程思政建设也要以马克思主义为指导,严格贯彻这一原则,从而保证在符合社会主义发展要求的前提下开展体育课程思政教学,保证高校体育课程思政教学不会偏离社会主义发展的方向。只有坚持以马克思主义为指导,坚持正确政治导向,社会主义核心价值观才能通过体育课程思政教学真正得以彰显。

高校体育课程思政建设坚持以马克思主义为指导原则,要求在体育课程思政教学中融入意识形态教育,始终坚持并不断巩固马克思主义在高校意识形态教育中的指导地位。此外,还要在体育课程思政教学的相关环节中恰到好处地融入社会主义核心价值观,发挥价值引领的作用。

（二）社会主义核心价值观引导原则

现代高校教育教学中，"立德树人"已成为一项根本任务，为完成该任务，在教育教学体系中融入社会主义核心价值观是必不可少的，这也是高校体育课程思政建设的重要方向和原则。体育课程教学要从不同方面和不同角度引入德育内容，贯穿社会主义核心价值观的讲解，实现课程思政与体育教学的紧密结合。体育教师应将培育品德高尚的社会主义接班人作为实现教学的根本出发点和着力点，可以根据学生实际情况开展线上体育课程，更好地将课程思政融入其中，提高学生的思想道德水平。

（三）问题导向性原则

高校体育课程思政建设与教学设计还要贯彻问题导向原则，将强化问题意识、坚持问题导向作为教学活动的逻辑起点。具体而言，在体育课程思政建设中贯彻该原则要达到以下几点要求。

1. 发现问题、正视问题

一些高校开设了体育课程，只注重最后的考试成绩，对体育课堂教学没有精心设计，在课堂上一味强调多练习，对体育的内在价值和深刻内涵缺乏真正的理解。此外，在教学内容上，以体育基础知识和运动技能为主，强调掌握基本理论知识后要不断练习运动技能，强调动作要标准，速度要快，但对传承体育精神、实施体育价值引领却不够重视。纯粹的理论教学内容或运动技能教学内容不够生动，缺乏趣味性，感召力也不强，不易引起学生的兴趣，也难以使体育课程的思政育人优势得到发挥。在高校体育课程思政建设中要及时发现这些问题，并认真对待，将解决实际问题作为体育课程思政建设的重要突破口。

2. 研究问题、解决问题

在发现问题、正视问题后，具体要在高校体育课程思政建设中解决好以下问题。

（1）拓展体育课程教学内容

将体育课堂作为主要教学平台，立足学生实际需求，在体育课程思政教学中既要增强学生体质，又要引导学生坚定理想的信念，形成积极向上的健康生活方式，走出虚拟的网络世界，多学习、多运动。在体育教学中既要传授基础知识，教授运动技能，又要普及与传播体育文化，在体育课堂教学中融入中国梦教育、社会主义核心价值观教育，发挥体育课堂的优越性，实现全面育人的目标。

（2）挖掘体育的教育功能

体育课程最主要的功能是能够增强学生体质，提高学生的运动技能水平。但体育课程的功能非常多元，不限于此。除了这些基本功能外，还具有重要的思政教育功能、德育功能、智育功能、美育功能。充分挖掘体育的教育功能，将体育精神培育、思想政治素质教育、人格培育、道德素质培育等融入体育课堂教学中，有助于促进大学生全面发展，使大学生深入理解体育精神，并在长期的运动实践中形成积极拼搏、团结向上、坚持不懈、爱国爱集体等美好品质，这将为体育课程思政的进一步发展带来新的曙光。

（3）提升体育教师的综合素质

高校体育课程思政的建设水平、体育课程思政教学的实际效果等都直接受到体育教师自身综合素质的影响。作为体育课程思政的建设者与组织者，体育教师要自觉学习习近平新时代中国特色社会主义思想，不断提升自己的思想政治素养和道德素养，并将这些收获内化为教学能力，从而在体育课程思政设计中真正秉持以人为本的原则，以学生为中心，引导学生树立正确的人生观、世界观和价值观，最终完成立德树人的任务。

（四）可操作性原则

在高校体育课程思政建设中要进行课程思政教学的科学设计，实施好课程思政教学，为课程思政教学提供思路和方法。为了充分发挥课程思政设计的功能，需要在课程思政设计中遵循可操作性原则，确保所设计的课程目标经过努力可以实现，设计的教学内容能够满足学生的需求，设计的教学方法有助于实现教学目标，设计的教学评价方式能够客观反映体育课程思政实施的效果。

在高校体育课程思政建设中贯彻可操作性原则，要求体育教师将思政教育元素充分融入体育课堂中，将知识技能传授与价值引领充分结合起来，从而更好地发挥体育课程本身的思政教育优势和德育功能。此外，体育教师设计的体育课程思政教学目标、教学内容、教学方法等要便于学生理解和掌握，并得到学生的认可，这样便于体育教师进一步开展融入思政教育的体育教学工作。

具体而言，在体育课程思政建设中贯彻可操作性原则需要注意以下两点要求。

第一，体育教师要立足高校体育教学实际、思政教育实际进行体育课程思政建设，基于对学生实际需求、社会发展需求等多因素的综合考虑完成体育课程思政目标、内容、方法以及组织形式等要素的设计。

第二，为了增加体育课程思政实施的便捷性，要结合体育课程的特点、思政教育的特点加强二者的融会贯通，既要防止按思政课的模式上体育课，又要将体育课程中蕴含的丰富的思政教育元素融于体育课程内容的实施中，在具体教学过程中循循善诱，促进学生情感的升华和科学价值观的建立，在潜移默化中实现体育课程的情感、态度与价值观目标。

（五）继承借鉴与改革创新相结合原则

高校体育课程思政建设也要贯彻继承借鉴与改革创新相结合的原则，继承体育课程的传统思政特色和优势，总结和提炼体育课程思政元素，同时要与时俱进，用发展的眼光对新时代下体育课程思政教学的新内容、新方式进行设计，健全和完善高校体育课程思政体系，培养能够担当民族复兴大任的时代新人。

第三节 高校体育课程思政建设的现状与影响因素分析

一、高校体育课程思政建设现状

高校体育课程思政建设实施以来取得了一定的成就，一些高校已经初步建立了体育课程思政体系，探索了科学有效的体育课程思政教学内容、教学形式，也积累了一定的经验。但是，当前高校体育课程思政建设仍处于起步阶段，存在一些问题。只有发现了这些问题，并清楚是什么因素造成了这些问题，才能进一步探讨如何改进，如何完善高校体育课程思政建设。下面具体分析当前我国高校体育课程思政建设的问题。

（一）思政育人目标不明确

从三维目标分析法的角度出发，可以将高校体育课程目标分为三个维度，一是知识与技能，二是过程与方法，三是情感、态度与价值观。通过评价学生体育知识与技能的掌握情况，可以判断知识与技能目标的实现程度；通过设计与灵活运用具体的教学方法与手段，可以实现过程与方法维度的目标。而情感、态度与价值观维度的目标则比较难以直观评价，该维度的目标是思想层面的目标，相对抽象，如果在实践教学中被模糊处理或粗化处理，则不利于师生对该目标的理解，最终影响该目标的实现，影响全面育人效果的提升。

课程思政的提出对情感、态度与价值观这一维度的育人目标提出了更高的要求，在高校体育课程思政建设中必须将知识、技能的传授与价值引领结合起来。但当前很多高校体育教师都没有将思想和精神层面的这一育人目标纳入体育课程目标体系中，或者将思政目标表述得过于抽象、空洞，不利于理解和评价其实现程度。

（二）学生对课程思政的认知水平不高

课程思政理念要求在专业课程教学中进行思想政治教育,对专业课程中的思政元素进行挖掘与利用,在传授专业知识的同时引导学生在价值观上有所收获,充分发挥课程的德育功能,最终实现课程思政的立德树人目标。但由于课程思政理念提出的时间比较短,再加上课程思政建设还没有引起普遍的重视,其与体育学科的融合还处于初步阶段,所以一些大学生对该理念缺乏基本的认识和了解,也不关心自己的体育课教学中是否融入了思政教育,整体而言思政意识薄弱,思政学习积极性不高。鉴于课程思政这一理念在高校的普及还不够广泛,所以要实现专业课程与思政教育的同向同行还有很长的路要走。

（三）体育课程思政资源没有得到充分挖掘

对体育课程中的思政元素进行挖掘是落实体育课程思政的首要环节。但因为体育教师自身思政能力有限、体育课程中的思政元素较为复杂等因素的影响,体育课程思政元素的挖掘不够深入,虽然也在体育知识与技能教学中渗透了思政教育,但缺乏深度,对课程中思政元素的把握不够准确,或者一些教师直接将无关痛痒的实证内容强行套在体育教学中,最终不仅浪费了时间和资源,最终育人效果也不理想。

（四）体育课程思政教学评价体系有待完善

为保障高校体育课程思政建设的顺利进行,需要构建体育课程思政评价体系,并在实践中不断健全与完善该体系。但因为高校体育课程思政建设尚处于探索阶段,这方面的教学管理机制还不够完善,评价标准也有待统一。高校体育课程思政缺乏相应的评价体系,主要与高校对体育课程思政不够重视有关,如果这方面的评价机制一直处于缺失状态,那么体育课程思政育人的效果就很难去评价,课程思政教学质量也无法保证。一些高校虽然在体育课程思政建设中初步构建了相应的评价体系,但评价指标相对单一,评价方式也不够灵活,依然无法对体育课程思政实施效果作出客观、准确的评价和判断。

（五）体育内容与思政内容融合不深

高校体育课程思政内容设计有待加强。有的高校只是简单地将一些体育项目与思政内容对应起来，通过某个项目的教学达到某个思想政治素养的教育，但未提出项目教学中的技能教学、体能训练、文化熏陶、活动比赛等如何与思想政治素养的认知表现、情感表现、意志表现与行为表现内容相互融合，导致一些教学内容设计得呆板，甚至牵强附会。

此外，一些体育教师也只能按自己的理解开展相关内容的教学，口头上加以引导，但在具体操作上缺乏必要的指导。

二、高校体育课程思政建设的主要影响因素

（一）学校领导层因素

高校领导是否重视体育课程思政在很大程度上影响着高校体育课程思政建设效果。一些高校的领导对高校体育课程思政建设不是特别重视，在这方面投入的人力、物力和财力资源十分有限。受此影响，部分体育教师对体育课程思政建设也不够重视，没有主动开发体育课程思政内容资源。

事实上，只有领导对体育课程思政足够重视，才会引起体育教师的重视，才会调动更多的教育工作者参与课程思政建设，从而获得丰富的建设成果。高校领导必须认识体育课程思政的重要性，对此给予重视，提供支持，并号召体育教师积极参与相关工作。

（二）体育教师因素

将思政教育巧妙地融入体育课程中对体育教师的专业教学能力、思政能力提出了较高的要求。体育教师能否实施好体育课程思政教学，要看其综合素养是否能满足要求。当前，对一部分在职体育教师而言，在体育课程教学中挖掘思政元素、融入思政教育是不小的挑战，而且因为课程思政融入体育课程建设的相关研究还比较少，所以可借鉴的理论成果或教学模式十分有限。这部分体育教师现有的思政素养和思政教学能力不足以支撑其将思政教育融入体育知识与技能的传授中,通过渗透式教育培养大学生的价值观。

此外,还有一些体育教师传统教育思维比较僵化、固定化,一时间难以改变,在授课时不善于将教书和育人结合起来,再加上思政能力的欠缺,最终导致体育课程思政建设与实施效果不尽如人意。

（三）教学评价因素

对高校体育课程思政建设以及对体育教师教学工作的评价与管理,都是高校体育课程思政建设的重要环节,它决定了相关工作是否得到了有效监督和改进。由于缺乏系统完善的评价管理机制,评价管理工作的开展比较零散,有时管理上存在重叠和空白现象。

同时,虽然高校会定期开展一些体育课程思政教案和教学评比活动,但评比结束后没有针对好的个案组织学习,也没有针对不足的个案进行讨论和改进,只是简单传阅相关材料,也没有与其他院校分享经验和教训,导致体育课程思政建设成果无法有效转化。

第四节　高校体育课程思政建设的科学路径

高校进行体育课程思政建设,并不是简单地将思政教育内容机械地融入体育课程教学中,而是要从体育教学的特点和需要出发,在体育知识传授和技能培养的过程中对学生进行思政教育,其中必然离不开对体育学科中自身思政元素的挖掘,力求充分发挥体育课程的思政育人价值,实现综合教学目标。鉴于当前我国高校体育课程思政建设现状不理想,下面针对其中一些问题提出改革建议。

一、校领导提高重视

高校体育课程思政建设的实施需要校领导及有关行政部门的大力

支持和协调,以形成体育课程思政工作的整体领导机制,以合理的工作机制推进体育课程思政建设进度。学校领导还应该客观评估体育课程思政建设质量,促使体育教师在具体的体育教育活动中渗透思政教育,形成求真严谨的思政教育风气,避免形式主义。

此外,为了提升体育课程思政建设水准,学校有关部门也要"精准反馈",及时调整与完善体育课程思政建设中的不合理环节,切实保证体育课程思政建设的正常进行和最终质量。

二、深入挖掘体育课程中的思政元素

要促进高校体育课程思政建设,必须对当前的体育课程建设模式进行优化,对体育课程中的思政元素进行充分且深入的挖掘,以高校优秀的师资为依托,与高校思政相关课程的授课教师探讨如何将思政教育融入体育课程建设中。利用体育课程本身的思政元素和德育功能培养大学生的世界观、人生观和价值观,优化体育课程与思政教育融合的教学大纲,切实促进体育知识技能教育与德育、价值引领的统一,将立德树人融入体育知识传授与技能培养中,知识技能教育和思想政治教育并重,以全方位、立体化培养全面发展的人才。

三、立足学生,全面参与

立德树人是课程思政建设的主要目标,具体就是要促进学生思想道德水平的提升和实现全方位协调发展。不同学生因为成长环境、个性特征等的不同,他们的思想意识是有差异的,对价值认同、道德评价标准也有着不同的认识与理解。为提高学生的思想意识水平,促进学生正确理解道德评价标准,以高标准严格要求自己的道德行为规范,树立正确的价值观,应在高校体育课程教学中融入课程思政理念,具体要做到如下两点要求。

第一,立足实际培养大学生的体育专业素养,首先培养大学生对体育运动的兴趣,普及体育基础理论知识,使大学生进一步了解体育运动,然后通过深入教学,促进大学生体育认知水平、文化基础水平和技能水平的提升。

第二,举办丰富多彩的体育文化活动,将体育文化内涵渗透其中,培养大学生的体育精神,并使其深入了解体育文化内涵与思政教育的融合点,对体育课程中的思想政治元素主动进行探索,自觉在体育知识与技能的学习中接受思政教育,提高思想政治意识。

四、丰富与完善体育课程思政教学内容

在高校体育课程思政建设中,不断挖掘体育课程思政的内容资源,健全与完善体育课程思政内容体系也是至关重要的。在体育课程教学中融入思政教育,主要是在理论课中进行相关安排与设计。例如,在向学生普及与讲解某个运动项目的竞赛规则时,培养与增强学生的规则意识、公平竞争意识。此外,在实践课上也能够贯穿思政教育,可以结合真实体育比赛案例,尤其是学生熟悉的优秀运动员的案例,使学生体会不同体育项目中蕴含的体育精神和思想道德规范,以此启发学生向优秀运动员学习,自觉遵守规则和道德规范,学习运动员坚韧不拔、拼搏奋进的精神。也可以通过讲述某项运动的辉煌历史,如中国乒乓球的历史来培养与强化大学生的民族自豪感和爱国主义精神。

五、改革教学方法,深入实施思政教育

传统体育课程教学方法以讲授法、示范法、练习法为主,教学方法相对单一,缺乏创新。陈旧、枯燥的教学方法使得一些学生对体育课提不起兴趣,没有学习的热情,课上不认真学练,课下也不主动巩固知识与技能,导致教学效果较差。事实上,传统僵化的体育教学模式已然不能适应现代社会对高校体育课程教学的要求了,只有从教学方法上寻求突破、加强改革,不断创新,才能改变体育教学的这一现状,使学生对体育课程产生浓厚的兴趣,积极参与体育运动。

体育课程教学方法的创新方式有很多,在课程思政理念下,结合思想政治教育的要求进行教学方法创新具有重要的现实意义。具体要求为,充分发挥体育课程的德育功能,采用开放式教学方法教育学生,将思政元素融入传统教学方法的实施中,综合运用多种方法和手段进行教学,使学生不仅掌握体育知识与技能,还能在潜移默化的思政教育中提

升个人道德素养和综合素质。

　　为了在高校体育课程思政实施中达到更好的育人效果，体育教师可以根据教学实际设计翻转课堂教学方法，首先对体育运动中具有价值导向的要素加以整合，再运用任务驱动、问题讨论、文化比较等方法引导学生完成教学任务，鼓励学生以小组为单位合作学习，共同分析与解决问题，这有助于培养学生的合作意识和沟通能力，并能启发学生积极思考，主动探索，营造积极向上的学习氛围。在具体运用翻转课堂教学方式时，可参考图 4-2 所示的基本流程。

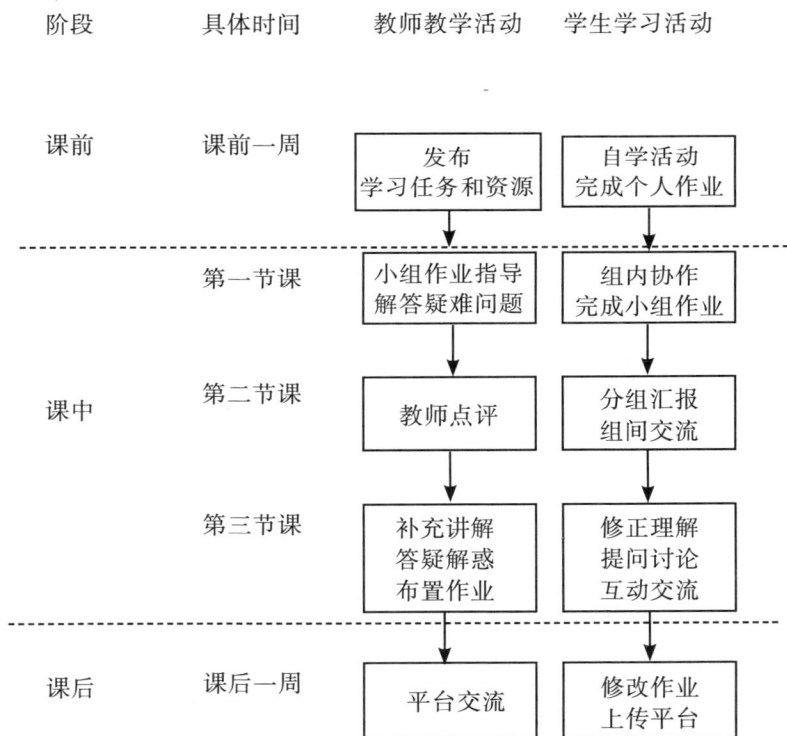

阶段	具体时间	教师教学活动	学生学习活动
课前	课前一周	发布 学习任务和资源	自学活动 完成个人作业
课中	第一节课	小组作业指导 解答疑难问题	组内协作 完成小组作业
	第二节课	教师点评	分组汇报 组间交流
	第三节课	补充讲解 答疑解惑 布置作业	修正理解 提问讨论 互动交流
课后	课后一周	平台交流	修改作业 上传平台

图 4-2　翻转课堂教学的基本流程 [①]

[①]　王惠.大学体育翻转课堂模式构建[J].鄂州大学学报，2023，30（02）：91-93.

六、构建与完善体育课程思政教学评价机制

在高校体育课程思政建设中,为促进建设工作的顺利开展,需要在教学管理体制中融入课程思政相关评价。高校体育课程思政教学是一个完整的系统,既包括课程思政的教学目标、教学内容、教学方法,也包括最后的教学评价环节,这是评价体育课程思政育人效果的重要环节,在课程思政教学管理中要重视对育人评价机制的创建与完善。

具体而言,健全与完善体育课程思政教学评价机制要从以下两方面进行。

第一,在体育课程思政教学评价中,将体育教师的师德师风作为评价内容之一,并将此作为教师职称评定的一个指标,以此发挥教学评价的激励作用,鼓励体育教师自觉提升自己,在教师队伍中形成良好的思政教育风气和全面育人风尚。

第二,采用多元化的评价角度、评价方式和评价指标实施评价,打破传统教学评价中以技能评价、总结性评价为主的模式,注重考查学生的道德素质、体育精神和学习能力。在评价中要充分体现课程思政的要求,激励师生共同参与体育课程思政建设。

七、提升体育教师的课程思政能力

高校体育课程思政建设质量如何、课程思政实施效果如何,关键在于体育教师。体育教师作为体育课程思政的建设者与执行者,其自身的思政道德水平、思政教学能力直接影响最终的育人效果。从这一角度来看,要提高高校体育课程思政建设水准和课程思政育人水平,就必须加强对体育教师的思想政治教育与培训,促进其思想道德水平的提升、课程思政意识的强化以及将课程思政融入专业课教学中能力的增强。

为促进体育教师思政教育能力和专业教学能力的提升,应将德育意识培养的相关内容融入教师培训体系中,并督促体育教师对中国特色社会主义核心价值观进行系统化学习,引导体育教师在不同体育课程中发现与思政教育的结合点,并充分利用各类体育教学内容本身的思政元素、德育功能来教育学生、培养人才。高校可以组织体育相关的"思政课程"培训活动,鼓励体育教师积极参加培训,并与专业思政课的授课

教师多交流、沟通，共同研讨将思政教育融入体育课程的方法，促进体育教师课程思政能力的提升和综合育人能力的强化。

第五节　高校体育课程思政建设质量评价

在全程育人、全方位育人理念不断成熟的当下，高校体育课程思政建设成为践行这些教育理念的重要环节之一，有关体育课程思政建设的研究也越来越多，但关于建设质量的研究却很少，其实关于体育课程思政建设质量的研究可以有很多切入点，比如：研究建设质量的内涵、表现、形态（显性、隐性）因素，整体思考影响建设质量的主体要素，立体化剖析各项影响因素等。高校体育课程建设必须注重质量，在"立德树人"的思想引领下以"质量"导向，加强对建设质量的督导与评价，这样才能使高校体育课程思政建设内容更加规范，使建设形式更趋于科学合理，因此有关高校体育课程思政建设质量的评价理应成为体育课程思政研究的一个方向。

一、高校体育课程思政建设质量评价机制

为了引导高校体育课程思政建设过程的规范进行，为建设工作的开展提供机制支持，并提供有保障的可行路径，需要建立高校体育课程思政建设质量评测机制，如图 4-3 所示。

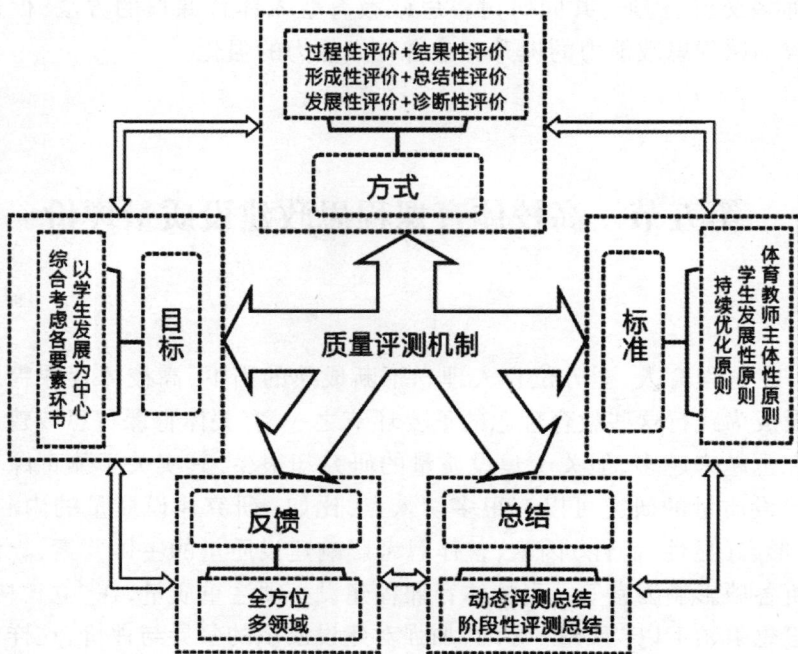

过程性评价+结果性评价
形成性评价+总结性评价
发展性评价+诊断性评价

方式

以学生发展为中心
综合考虑各要素环节

目标

质量评测机制

标准

体育教师主体性原则
学生发展性原则
持续优化原则

反馈

总结

全方位
多领域

动态评测总结
阶段性评测总结

图 4-3　体育课程思政建设质量评测机制 [①]

上图所示的高校体育课程思政建设质量评测机制比较完整,具体包括评价目标、评价方式、评价标准、评价总结和评价反馈五个要素,要充分发挥质量评价的功能,就要对这五个评价要素提出基本要求,即评价目标要合理,评价方式要多元,评价标准要可靠,评价总结要及时以及评价反馈要精准。具体分析如下。

（一）合理的评价目标

体育课程思政建设质量评价过程的开展、评价标准的制定以及评价方法的选择等都会受到质量评价目标的影响。高校体育课程思政建设质量的评价目标必须是合理的,具体要满足以学生发展需求为导向、多维化、全面化等要求。在制定课程思政建设质量评价目标时,要以学生为本,围绕学生的需求去制定。

① 赵富学,黄莉,王相飞.高校体育课程思政建设质量督导与评测 [J].体育教育学刊,2022,38（01）：8-14+103.

在体育课程思政中培养学生的思政素养往往要经历四个不同的阶段，第一是知识接受阶段，第二是行为反应阶段，第三是价值倾向化产生阶段，第四是内在价值体系形成阶段。不同阶段的教学要求不同，体育教师要依据此对各阶段的思政教学目标进行制定，并从学生的发展需求出发制定针对整个体育课程思政教学过程的整体评测目标。

除了要以学生为中心外，还要对体育课程思政建设主体的思政素养、体育课程思政教学团队的合作能力、体育课程思政教学资源的开发、体育课程思政教学过程的设计等因素进行综合考量，从而进一步保证质量评价目标的合理性。

（二）多元的评价方式

在高校体育课程思政建设质量评价中，采用的评价方式越多元，对体育课程思政育人成果的检验就越全面，而且也越容易发现体育课程思政的问题，改善建设现状，提高育人水平和人才质量。

体育课程是体育教学的基础单元，完整的体育教学过程包含着课程建设质量的评价，因此应立足整体来进行课程建设质量评价，采取能够反映整体概况的多元评价方式。在高校体育课程中融入课程思政，要始终立足"立德树人"的根本任务，遵循体育教学和课程思政的基本规律，将多元评价方式结合起来，如总结性评价要与形成性评价结合起来，发展性评价要与诊断性评价结合起来，结果性评价要与过程性评价结合起来，只有如此，才能对体育课程思政建设过程和质量进行全面督导，使高校体育课程思政的育人成效更加显著。

（三）可靠的评价标准

在高校体育课程思政建设质量评价机制的构建中，制定质量评价标准是一个核心环节。质量评价机制要想实现螺旋上升和持续改进，必然离不开可靠的评价标准。

高校体育课程思政建设质量评价标准必须是可靠的，在制定评价标准时要注意以下几方面的要求。

1. 以学生的发展为中心

制定体育课程思政建设质量评价标准时要围绕学生的发展来进行，但不能只看学生的学习结果，还要对学习过程给予重视，使制定出来的评价标准能够对学生多层面现状进行有效评价，包括知识评价、能力评价和价值观评价等，从而保证体育课程思政教育过程做到有的放矢。

2. 重视体育教师的主体性

在体育课程思政教育的开展中，体育教师是不可或缺的主体，其思政意识、思政教学能力以及教学反思能力对体育思政教育质量有直接的影响。因此在体育课程思政建设质量评价标准的设置中要纳入有关体育教师思政教学能力方面的评价指标，使体育教师高度关注和重视体育课程思政建设的质量要求，为提升建设质量而自觉提升自己，发挥自己的价值。

3. 持续改进评价标准

高校体育课程思政建设质量评价标准不应一成不变，应结合实际情况灵活调整。不同高校所设置的体育课程思政建设质量评价标准应该既有共性，又有个性，要体现出地方特色和学校办学特色，构建特色化课程思政建设质量评价标准体系。

（四）及时的评价总结

高校体育课程思政建设要始终坚持"立德树人"根本任务的引领，保持正确的建设方向，打破体育课程与思政课程"表面结合"的困境，及时总结体育课程思政建设中的问题，然后有针对性地处理与解决问题。体育课程思政建设质量评价总结必须做到及时，这就要求将动态性评价总结和阶段性评价总结这两种方式结合起来。

1. 动态性评价总结

实施动态性评价总结，就是在体育课程思政教学中实时观察学生情感、态度与价值观的变化，在经过体育课程思政教学后考查学生的思想道德品质，从而对体育课程思政教学效果有所了解。在动态性评价总结的最后,还要归纳总结的结果,为之后的建设工作提供参考。

2. 阶段性评价总结

在体育课程思政建设到某一阶段时,阶段性地考查学生的综合能力,这就是阶段性评价总结。在阶段性评价总结中,要积累评价经验,对缺失的地方要深入分析,以切实优化体育课程思政建设的阶段性成果,最终整体提升课程思政建设质量,完成"立德树人"的根本任务。

(五)精准的评价反馈

在高校体育课程思政建设质量评价机制中,评价反馈是非常重要的环节之一。评价反馈必须要精准,只有精准的评价反馈才能在高校体育课程思政建设过程中发挥重要的监控功能、反馈功能和调节功能,推进体育课程思政建设的顺利进行,促进体育课程思政建设质量的提升。高校体育课程思政建设质量评测人员对有关质量数据信息进行全方位收集、整理,深层次剖析、研究,与全面测评学生的综合素质精准对接,根据评价结果及时反馈重要信息,总结问题,邀请有关专家和课程建设者共同研究论证,再进一步反馈,经过共同讨论得出提升高校体育课程思政建设质量的对策。

二、高校体育课程思政建设质量评价路径

在高校体育课程思政建设质量评价中,要采取以下路径有序开展评价工作,提高评价水准,以真实反映建设成果和存在的问题(图4-4)。

(一)组建评价团队

高校体育课程思政建设质量评价离不开一支优秀的专业队伍,因此在质量评价中首先要组建既专业又权威的优秀团队。该评价团队除了包括体育教师外,还应包括思政课专业教师,还可以纳入同样进行课程思政建设的其他学科教师。不同教师观念互补、方法互补,群策群力,发挥集体优势,有助于整体推动高校体育课程思政建设评价工作的顺利开展。

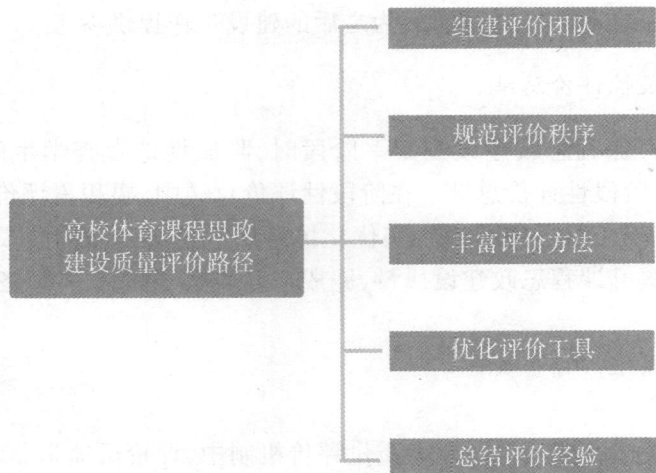

图 4-4　高校体育课程思政建设质量评价路径

　　专业评价团队应全方位、多角度分析高校体育课程思政建设现状，并最终以评测报告的形式呈现分析结果，真实准确地反映高校体育课程思政建设情况，使体育课程思政建设者认识到不足，有针对性地解决问题，提高课程思政建设质量。

（二）规范评价程序

　　对体育课程思政建设质量的评价非常重要，在评价中要制定完备的评价制度，尤其是关于体育教师进行体育课程思政教学的评价制度，并不断规范评价程序，使体育课程思政建设质量评价工作有条不紊地展开，提高评价效率和最终效果。另外，有必要构建一个"制度群"来保障高校体育课程思政建设的顺利进行，并为各级管理者相互沟通交流提供便利。无论是什么样的制度，都要按照规范的程序去落实，从而推动体育课程思政建设朝着制度化方向稳步迈进，保证体育课程思政建设的系统性和规范性，切实提高体育课程思政建设质量，实现全面育人目标。

（三）丰富评价方法

　　聚焦高校体育课程思政建设质量和体育课程思政教学活动，对多元评价方法予以采用，促进评价环节的不断完善。通过丰富有效的评价，使体育课程教学的原有模式发生转变,使体育教师自觉积极地在体育教育的各个环节中融入思政教育资源。具体要采用什么样的评价方法,要结合思政教育要素、师生等主体要素、学校办学特色与办学条件等实际要素等综合考量,评价方法多元丰富,更有利于顺利开展体育课程思政建设质量评价工作。

高校体育课程思政教学中往往将显性教学法和隐性教学法结合起来,所以在课程思政建设质量评价中也可以采用显隐结合的方法。而且,在选用评价方法时,还要紧扣培养什么样的人、怎样培养人、为谁培养人这三个人才培养的基本问题,为体育课程思政建设与教学实施指明方向。

（四）优化评价工具

对高校体育课程思政建设质量进行评价与检验,还必须采用有效的评价工具。评价工具是否有效,直接影响评价成效。评价课程思政建设质量,要以现实依据为支撑,因为现实依据是可靠的、可信的,同样的道理,开发与选用评价工具也要参考科学依据,这是必不可少的理论基础,能够保证评价工具的科学有效。优化评价工具要注意以下几点。

1. 立足体育课程思政目标

开发与选取体育课程思政建设质量评价工具,要从体育课程思政建设目标、建设要求、重点建设内容等方面着眼,以培养学生的理想信念、爱国主义情感、集体主义精神等为主线,从而系统地、综合地评价高校体育课程思政建设质量。

2. 兼顾普遍性和特殊性

对评价工具的开发还要兼顾普遍性和特殊性,评价工具既要在大部分高校评价中适用,又要能满足一些特殊学校的评价需要。

3. 体现阶段性和针对性

在体育课程思政建设的不同阶段要采取不同的评价工具,也就是说,评价工具本身也要体现出阶段性特征,从而准确得出关于某个阶段体育课程思政建设情况的结论,了解实情,为进入下一阶段打好基础。

4. 开发线上评价工具

随着信息技术的不断发展,信息化评价手段在高等教育中运用得越来越普遍,将信息化评价手段引入高校体育课程思政建设质量评价中,开发线上评价工具,并与线下评价相结合,构建"线上 + 线下"质量评价平台,公开评价过程,共享评价结果,能够有效提升高校体育课程思政建设质量。

(五)总结评价经验

高校体育课程思政建设在"立德树人"视域下具有什么样的重要意义,这需要通过精炼与总结体育课程思政建设质量评价结果才能深刻释读和深入理解。高校要及时提炼和概括课程建设质量评价结果,对体育课程思政建设质量评价的问题有清晰的认识。体育课程思政建设质量受到诸多因素的影响,有好的因素,也有不利因素,在总结评价经验环节要及时明确有利因素,摒弃不利因素,并将有利因素充分利用起来思考如何促进本校体育课程思政建设质量的稳步提升。

在体育课程思政建设质量评价中,通过总结评价经验要做到举一反三,将影响建设质量的师生、学风等重要因素牢牢把握好,激发相关主体在课程建设中发挥自身优势和价值的热情,使其为课程建设的进行增添活力,使课程建设质量的提升更有可能性。

第五章

高校体育课程思政教学设计研究

在高校体育课程思政建设中,组织实施体育课程思政教学是至关重要的一个环节。要将思政教育融入体育课程教学中,充分发挥体育思政教育功能,真正实现体育的德育价值。实现立德树人,就需要体育教师做好课程思政教学设计工作,在体育教学目标、教学内容、教学方法、教学评价等各个教学要素的设计中恰到好处地融入思政元素,在课程思政理念下展开体育教学工作。本章就重点对高校体育课程思政教学设计进行研究,具体从体育课程思政的教学目标设计、教学内容设计、教学方法设计和教学评价设计四个方面展开,从而构建与课程思政紧密结合的体育教学体系,提升高校体育课程思政教学质量。

第一节　高校体育课程思政教学目标设计

一、高校体育课程思政教学目标设计的原则

高校体育课程思政是对课程思政的具体贯彻与落实,是思政教育在体育课程中的生动呈现,体育课程思政目标是课程思政目标在体育教学中的具体化,是实施体育课程思政要坚持的方向。在体育教学中要充分挖掘与运用体育课程中蕴含的思政元素,这是非常重要的思政教育资源,对实现课程思政目标具有重要意义。

高校体育课程思政目标的设计与确定要贯彻几项基本原则,包括适应性原则、可行性原则和相融性原则。

(一)适应性原则

面向大学生设计体育课程思政教学目标,就要了解大学生的身心特点、知识水平,从大学生的实际情况出发进行设计。大学生和中学时期相比知识层次明显提升,无论是思维能力、判断能力、理解能力,还是动手能力、实践能力等,都得到了显著提高,因此高校体育课程思政教学目标要区别于中学体育课程思政教学目标,要符合大学生的发展特征和实际情况,与大学生的主体需要保持高度一致。

(二)可行性原则

从大学生实际情况出发而设计的体育课程思政教学目标应该是大学生经过努力学习之后能够实现的目标,也是体育教师经过不断钻研和认真教学后可以与学生共同达到的目标。教学目标必须可行,是师生能够接受和执行的。为提升体育课程思政教学目标实现的可能性,在设计教学目标时有必要对影响目标实现的有利条件予以考虑,综合各种有利

因素来实现更高层次的教学目标,尽可能规避不良因素的影响,否则会使教学目标难以实现。

(三)相融性原则

在高校体育课程思政教学目标的设计中,要将大学生个人目标与课程思政目标融合起来。在高校体育教学中,大学生的个人目标包括增强体质、提升运动能力、提高社会交往能力、成为优秀运动员等。大学生作为祖国的接班人,个人目标也应该指向祖国发展和民族复兴,在个人奋斗征程中要坚守初心,牢记使命,弘扬正能量,为中华民族复兴的伟大梦想奋斗。大学生的个人宏伟目标与课程目标紧密联系,课程目标就是要培养全面发展的人才,融入思政教育的课程思政目标更加强调全面育人的重要性。所以,在高校体育课程思政目标的设计中,要加强大学生个人目标与课程思政目标的深入融合,从而提高体育课程思政教育效果,将大学生培养成为全面发展型人才,使大学生的个人目标和课程思政目标在体育课程思政教育中都能够顺利实现。

二、高校体育课程思政教学目标定位

下面将从知识与技能,过程与方法,情感、态度与价值观三个维度设计体育课程思政教学目标。

(一)知识与技能目标

体育课程是增强学生体质、培养学生体育素养的一门课程,在体育课程思政教学中通过对体育基本理论、基本技术、基本战术、竞赛规则及裁判法等内容的教学,要使学生掌握丰富的体育知识和正确的运动技能,并使体育专业大学生具备体育课程教学、训练以及制裁编排等实践能力。

(二)过程与方法目标

在体育课程教学过程中,教师要敢于创新实践,在以学生为主体的

前提下,注重寓教于动、寓教于情、寓教于乐、寓教于心,通过运用多媒体、慕课等现代教育技术,采用情景教学、小组合作、趣味游戏、案例分析、分解练习等各种教学方式方法,来调动学生对体育课程思政学习的积极性和主动性,让学生通过深入思考充分理解体育课程思政内涵,且通过不断练习扎实掌握运动技能。

（三）情感、态度与价值观目标

在体育课程思政教学中,应注意良好师生关系的构建,通过课内外、线上下等方式增加师生之间的交流互动。在交流互动中,教师通过言传身教,用自身高尚的师德和精湛的技能感染和影响学生。另外,在体育理论知识和技能的学习过程中,可以增设一些实际案例,通过案例分析使学生产生共情。比如,在讲述到体育项目的发展史时,可以讲述一些为国争光的英雄人物;在讲到裁判法时,可以讲述比赛里运动员因获胜或失败产生不文明行为时的判罚问题,以此培养学生爱国主义情怀、积极乐观、奋发向上、遵规守纪、文明礼貌、顽强拼搏、勤奋尚学等优秀品质,从而促进学生全面发展,为顺利迈入社会打下坚实基础。

第二节　高校体育课程思政教学内容设计

一、高校体育课程思政教学内容设计的原则

在高校体育课程思政教学中,应立足体育课程本身去设计教学内容,要基于对体育课程特点、规律和目标的综合考虑而设计。概括而言,高校体育课程思政教学内容应具有健身性和价值性、科学性和可行性、时代性和传承性以及预设性和发展性等特征,这些也是高校体育课程思政教学内容设计的基本原则。下面简要分析这几项基本原则。

（一）健身性和价值性相结合

在高校体育课程思政教学内容的设计中,要树立健康第一的理念,

紧紧围绕体育课程的健康目标选择内容,使大学生在体育课程学习中通过不断练习而强身健体,并提升运动能力。不同体育运动中都含有一定的思政教育资源,从中深入挖掘,巧妙融入体育知识与技能的传授中,发挥思政教育资源的引领作用,能够使大学生形成正确的价值观,形成遵纪守法、团结友爱等道德品质,并更加独立自主、自强自信、勇敢坚毅、顽强不屈,这些道德品质和意志品质对大学生的学习、生活及未来发展具有重要意义。

(二)科学性和可行性相结合

对高校体育课程思政内容进行设计时,要根据体育学科的发展方向进行,教学内容应与此直接关联,并要与体育课程的特点、体育教学的规律相符。此外,各高校可以根据实际情况灵活设置与安排教学内容,但要考虑可行性,要结合学校实际进行选择,如体育教学条件,教师教学能力,学生接受能力等,只有可行性高的教学内容才能得到顺利实施,从而加快高校体育课程思政建设进程。

(三)时代性和传承性相结合

设计体育课程思政教学内容也要与时代发展步伐保持一致,与学生的生活实际相贴近,具有时代性的教学内容能够将体育课程改革的成果体现出来,使大学生跟随时代潮流、实现全面发展的需求得到满足。此外,体育课程思政教学内容还应具有弘扬与传承民族优秀传统文化的功能,在体育课程教学内容体系中纳入传统体育运动教学内容,使学生在学习中感受中华民族优秀传统文化的魅力,促进学生的文化认同和文化自信,增强其民族自尊心和自豪感。

(四)预设性和发展性相结合

在体育课程思政教学内容的设计中,科学、成熟、稳定的思政教育资源是优先选择的对象,将满足这些条件的教学资源充实到体育教学内容体系中,既能够实现身心健康目标、知识与技能协同发展目标,又能实现思政育人目标,使体育课程思政多维教学目标的实现更有保障。此外,体育教师还要对社会发展动态多关注,将与社会发展要求相符的、能够满足大学生长远发展需要的教学内容资源引进课堂中,这样也充分体现了高校体育课程思政教学的社会适应性。

二、高校体育课程思政的主要教育内容

课程思政建设要围绕政治认同、家国情怀、文化素养等内容供给,对学生进行系统的中国特色社会主义教育、社会主义核心价值教育、法制教育等,增强学生的理想信念。结合高校体育蕴含的思政教育资源,高校体育课程思政的开展应包含以下教育内容。

（一）身心健康教育

身体是革命的本钱,大学生必须拥有健康的身体和心理才能在竞争日益激烈的社会中脚踏实地地奋斗,赢得主动权。体育课程以人体运动为中介,能够提高学生身体健康水平,并促进学生心理健康。

（二）爱国主义教育

爱国是每个中国人最真挚、朴素的情感,是最自然的情感流露。培养社会主义建设者和接班人,要培养爱国情怀,这就需要在高校体育课程思政中充分发挥课堂教学的主渠道作用,将爱国主义教育纳入课堂,培养大学生的爱国之情,激发大学生的爱国热情,砥砺强国之志,鼓励大学生把爱国热情转化为学习动力,积极为祖国建设添砖加瓦。

（三）集体主义教育

在高校体育课程思政中开展集体主义教育,主要是引导大学生正确把握集体利益和个人利益的关系,坚持集体利益高于个人利益的原则,让大学生在集体项目中形成团结协作、服从组织、遵守纪律等优良道德品质。

（四）理想信念教育

我国体育事业的发展可以说前途光明，道路曲折，体育奋进史彰显着我国体育健儿用理想信念铸就的体育强国梦。在高校体育课程思政教学中要向大学生传授体育历史、体育文化，将我国体育史上生动鲜活的教育素材展现出来，使大学生对我国体育事业的发展有更加深入的认识，并增强其责任感和使命感。

（五）民主法治和组织纪律教育

即将步入社会的大学生必须掌握一定的行为规范和价值体系，遵守社会准则。体育具有规范性、约束性，大学生在体育课堂上不仅要掌握运动技术，更要具备规范意识，遵守运动规则。体育教师可以借此进行民主法治和组织纪律教育，让学生在真实情景体验中感悟"自由""平等""法治"等社会主义核心价值观，强化学生的道德规范意识。同时，在体育教学中还要加强课堂纪律管理，实行组织纪律教育，培养学生遵守规则和纪律的好习惯。

（六）奥林匹克精神教育

奥林匹克精神是相互"了解、友谊、团结和公平竞争"；奥林匹克格言是"更快、更高、更强——更团结"。在高校体育课程思政建设中要开展奥林匹克精神教育，引导大学生在体育活动中遇到困难时以沉着、勇敢、顽强的毅力去克服，并培养大学生尊重对手、诚实友善、团结互助的良好体育风范，以实际行动弘扬奥林匹克精神。

第三节　高校体育课程思政教学方法设计

一、融入课程思政的问题探究教学法

体育教师在线上发布学习任务,如搜集体育运动推进文化交流事件(如海外乒团、筑梦行动等),学生收集与整理资料,在线上提交切入视角资料。教师汇总学生的资料与学习心得,统计学生的切入点,将观点相近的学生分为同一学习小组,共同讲述与讨论案例。班级学生被分为若干小组,各小组阐述与说明观点,以案例学习与班级讨论的形式带领学生了解中国竞技体育的奋斗历史,学习运动员的奋斗与拼搏精神,引导学生坚定信念,把握当下,为美好的明天奋斗。

二、融入课程思政的情景教学法

在教学的开始部分,可设计一些具有仪式感的环节,如奏国歌,从而导入情景,增强学生的感受和体验,激发学生的爱国情感。也可以在体育教学场地悬挂积极奋进的口号标语、中国体育史上具有代表性的标志物,这些教学场景无不包含着思政元素,使学生沉浸在思政教育的氛围中,能够提高体育课程思政的教学效果。

三、融入课程思政的合作性学习法

在体育课堂上组织热身活动时,让学生通过轮流领带做慢跑、热身操和游戏等练习,培养学生的责任意识和组织能力,提高学生的课堂参与度。在基本部分的教学组织中将学生分为若干小组,以小组为单位开展主题汇报活动。教师讲述历史事件,各小组讨论与汇报主题展示任务,如"中国乒乓,世界共享"的发展理念对乒乓球的发展具有哪些意义等,使小组学生相互合作,组与组有效沟通,从不同视角切入完成汇报任务,从而提高学生课堂参与的积极性、自主探究的热情、团结意识以及合作学习的能力,并培养学生的实践能力。

第四节 高校体育课程思政教学评价设计

一、高校体育课程思政教学评价的原则

为提高高校体育课程思政教学效果,有必要对体育课程思政教学进行评价,既要评价教学过程,也要评价教学结果,通过评价来激励师生共同努力提高体育课程思政教学质量。高校体育课程思政教学评价应贯彻以下几项基本原则。

（一）客观性原则

高校体育课程思政教学评价的主体可以是学校领导、体育教师,也可以是学生,无论是谁作为评价主体,都要获取准确的、全面的信息,对体育课程思政开展情况有充分的了解,然后实事求是地评价,评价不能有强烈的主观色彩,必须是客观真实的。

在评价体育课程思政教学效果时,要对大学生通过学习之后在认知、情感、态度、价值观以及行为等方面发生的变化作详细的了解,实事求是评价他们的真实变化。此外,评价者也要从职业道德、授课能力等方面对体育教师进行综合考察,要在掌握相关准确信息的基础上进行判断和评价,不能主观臆断,主观情感不能掺杂其中。

（二）全面性原则

在体育课程思政教学评价的实施中,要尽可能全面评价整个教学计划中各个阶段、各个环节的开展情况,要将宏观评价与微观评价、整体评价与局部评价、长远评价和阶段评价有机结合起来,从而做到全面评价。

（三）多样性原则

为保证体育课程思政教学评价结果更加客观、准确和有说服力，需要在评价过程中选用多种不同的评价方式，比如定期评价与经常性评价，过程评价与结果评价，自评、互评和他评等。

（四）发展性原则

开展体育课程思政教学评价，主要是为了将体育教师的育人积极性调动起来，进一步顺利实施体育课程思政建设，最终促进大学生的全面发展。而找差距、划等级并不是评价的主要目的。评价是为改进教学、实现教学目标服务的。因而，高校体育课程思政教学评价必须遵循发展性原则，致力于促进体育课程思政教学的发展和大学生的长远发展。为达到促进发展的评价目的，需要通过检查、考核、督导等方式激励体育教师发挥主观能动性，在体育课程思政中不断改革创新，将体育课程的思政育人功能发挥得淋漓尽致，引导学生形成集体主义精神、爱国主义情感，学生的发展与进步最能体现体育课程思政教学效果，因而也是评价的重点。

二、高校体育课程思政教学评价的内容

高校体育课程思政教学评价涉及教学目标、教学内容、教学实施等多个方面，具体分析如下。

（一）体育课程思政教学目标的评价

体育课程思政教学目标是体育课程思政教学开展的起点，对体育课程思政教学效果进行衡量时要以教学目标为准绳。将体育课程思政教学目标作为评价对象，目的是判断教学目标的客观性、可行性，即是否与大学生发展需求相符，对大学生的发展是否有利，与政府教育宗旨和高校育人理念是否一致，是否可行。通过评价，若发现教学目标存在这些不客观、不可行的问题，就要及时调整，直至符合要求。如果教学目标不合适，将会影响之后一系列教学工作的开展，最终影响教学质量。

（二）体育课程思政教学内容的评价

高校体育课程思政教学内容是服务于体育课程思政建设的重要资源，对这方面展开评价，关键要看其与体育课程标准的要求是否相符，是否与主流价值观保持一致，能否将课程思政理念体现出来，与思政元素的融合是否紧密，组织安排是否合理等。

（二）体育课程思政教学实施的评价

评价高校体育课程思政教学的实施情况，不仅要对实施结果进行考察，还要考察实施过程也就是教学过程，对课程思政教学过程进行全面客观的记录，发现对体育课程思政教学实施具有促进作用的有利因素和产生阻碍的不利因素，及时反馈，整合有利因素，优化有利条件，规避或改变不利因素，从而完善体育课程思政教学过程，为最终取得良好的教学效果和实现预期目标努力。

三、高校体育课程思政教学评价方法的设计

当前，一些体育教师习惯沿用传统的考评方式，即技能达标测试＋理论笔试，这体现了体育教学重技能轻育人的弊端，忽略了学生综合素质的考评，不利于学生全面发展。对此，建议将体育教学考评模式改为教师评价、学生自评、学生互评的结合，在评价指标体系中纳入学生的思想素质表现，从而培养学生的优秀思想道德品质和综合素养，实现课程思政目标。

（一）教师评价

在高校体育课程教学中，教师在对学生进行知识与技能等基本评价的基础上，增加思政素养评价，激励学生全面发展。在进行思政素养评价时，可以结合学生课前是否有主动预习；课上是否有独立思考、自觉练习；在教学比赛中是否积极进取、奋勇争先、公平公正竞争；在组织练习时是否积极协作配合、主动奉献等多个方面进行评价。课后可以通过谈话或问卷的方式了解学生对体育知识、技能的掌握情况以及对体育

课程思政的理解能力,以及时发现问题,积极引导学生,并为下一阶段的课程思政教学设计提供参考。

（二）学生互评和自评

高校体育教师在实施体育课程思政教学时,应采用换位教学法、分组教学法等,让学生由被动接受变成主动学习,积极参与教学活动。在考评环节,设计学生互评打分的方式,从而对学生公平公正的意识和客观分析与借鉴问题的能力进行培养。

学生互评应与学生自评结合起来,学生自评不同于传统意义上的课后反思,这种评价方式要贯穿整个体育教学过程中,从而使学生端正学习态度,自觉克服自身不足,实现全面发展。

四、高校体育课程思政教学评价指标体系的建立

筛选高校体育课程思政评价指标,对评价指标的细节要严格把关,具体评价操作中要逐一落实。具体操作维度应包含教学过程、课程传授、思想引领、身心及人格素质培育以及社会和谐稳定共 5 个维度,每个维度各自包含不同的指标,如图 5-1 所示。

高校体育课程思政评价指标体系是结合体育课程思政的特征建立起来的,它并没有脱离原有的课程评价指标体系框架,只是进一步体现了体育课程中的思政育人目标。图 5-1 所示的体育课程思政评价指标体系具有参考性,可参考该体系,结合体育课程思政的特征进行体育课程思政教学评价。

（一）教学过程维度

教学过程维度也是途径维度,该维度包括教育者自身素质、教学方法和教学理念三个指标。

体育教师自身素质是实施体育课程思政教学、实现育人目标的最基本的要素;体育教学方法作为传递体育教学内容信息的重要渠道,是实施体育课程思政教学过程中不可缺少的环节;在体育思政教学过程中只有掌握科学先进的教学理念,才能更好地把握育人方向。

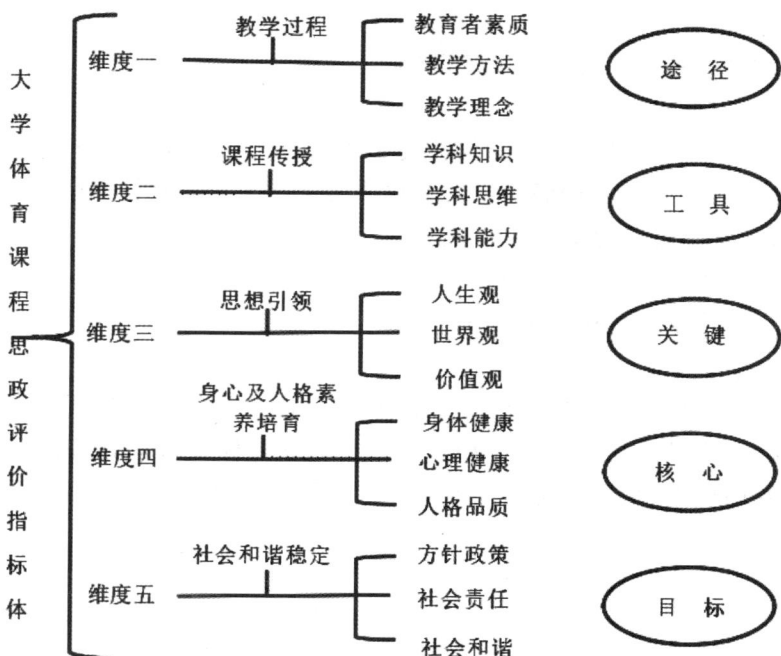

图 5-1 高校体育课程思政评价指标体系[①]

（二）课程传授维度

课程传授维度属于工具维度,包括学科知识、学科思维和学科能力三个指标。高校体育课程思政的开展不是把体育课变成思政课,也不是还像传统教学一样只传授体育知识和技能,而是在体育教学内容的实施中潜移默化地培养大学生的道德素养,使学生的体育知识和技能素养、体育精神素养以及道德品质素养都得到提升。

（三）思想引领维度

思想引领维度是关键维度,包括人生观、价值观和世界观三个指标,

---

① 刘慧敏 . 高校体育课程思政设计研究 [D]. 哈尔滨工程大学,2020.

通过体育课程思政教学,要充分发挥体育课程思政教育资源的思想引领作用,引导学生形成正确的人生观、价值观和世界观。

（四）身心及人格素养培育维度

身心及人格素养培育维度是核心维度,通过体育课程教学要促进学生身体健康、心理健康以及人格素养的提升,这既符合体育学科的特征,又是实施课程思政的要求。

（五）社会和谐稳定维度

社会和谐稳定维度是目标维度,指明高校体育课程思政的最终目标是回归于社会主义的和谐稳定。高校要通过体育课程思政建设促进社会和谐稳定,为中国特色社会主义建设贡献力量。

第六章

高校排球课程教学改革与课程思政建设

　　随着高校体育的不断发展和体育教学改革的不断深入,高校排球课程也在逐渐进行着改革与创新,受到传统排球教学发展体系的影响,高校排球教学仍然有很多问题亟待解决。只有认清排球教学现状,找到制约排球教学发展的因素,有针对性地解决问题,才能真正促进高校排球教学质量的提高。为进一步强化高校排球课程教学改革效果,还应结合立德树人的重要任务和使命开展教学改革工作,将课程思政融入排球课程,落实排球课程思政建设,在提升大学生排球技术水平的同时,加深大学生对排球精神及社会主义核心价值观的理解,推动大学生全面发展。本章主要对高校排球课程教学改革与课程思政建设展开研究,首先在分析高校排球课程教学现状、主要问题的基础上提出改革意见,其次深入挖掘排球课程中的思政元素,最后对高校排球课程思政建设路径展开研究。

第一节　高校排球课程教学现状与改革策略

一、高校排球课程教学现状与问题分析

（一）排球教学目标现状

关于高校排球课程教学目标，不同教师有着不同的看法。很多排球教师认为，排球课的教学目标主要是激发学生对排球运动的兴趣，增强学生体质，提升学生的排球技能水平。排球课程教学目标应该是多元的，除了增强体质、提升技能外，还应通过排球教学培养学生的终身体育意识。但一些教师没有认识到这一点，过分强调运动技能领域的教学目标，围绕提升运动技能这一目标来设置教学内容、选择教学方法，从而限制了学生其他方面的进步，不利于学生全方位发展。

（二）排球教学设施现状

排球硬件设施条件不能满足排球教学需要、排球训练和比赛需要以及广大排球爱好者的需要，这是高校排球运动发展中普遍存在的问题。虽然这个问题已经引起了学校领导的重视，学校也投入了资源来解决这个问题，但是整体情况依旧不乐观，具体表现在以下两个方面。

第一，排球场地设施有限，排球运动场地、器材的数量和上排球课学生的数量比例严重失衡，学生上课的基本需求都得不到满足。

第二，因为缺乏管理或管理不善的原因，高校排球场地设施与器材陈旧、老化，硬件资源的使用寿命减少，甚至还存在安全问题，导致学生在课上出现运动损伤。

（三）排球教学内容现状

高校排球教学主要包括实践课教学和理论课教学。排球教学内容既是实现排球教学目标的重要条件，也是教师和学生开展排球教学活动的主要依据。教学内容的选取具有一定的依据性，根据国家教育课程纲要来选择和实施，并以教学目的、任务为依据选择内容，充分体现教材的科学性、系统性、针对性和实效性。普通高校排球实践课的教学内容以排球五大基本技术为主，同时兼顾比赛实践，基本技术方面，因学生的不同身体素质安排教学内容，学生能够掌握的是传球、垫球、发球几项技术，而组织比赛是为了让学生了解比赛规则和裁判方法，使学生对排球运动能够有更多的了解。但从愉悦身心和锻炼身体方面来看，缺乏身体锻炼方面的教学内容，只重视技术教学，也没有将一些和娱乐内容相结合的教学内容融入教学内容体系中，从而影响了学生体质健康和学习的积极性。

另外，高校排球教学内容偏重于整体化，内容简单，缺乏创新，使得学生的个性得不到发挥，创新精神得不到塑造。对此，各高校应根据自己的办学特色，充分利用学校优势资源建设具有特色的排球课程，这是目前高校排球课教师应考虑的主要问题。

（四）排球教学方法现状

教学方法对教学目标和教学内容有重要影响，体育教学方法与一般学科的教学方法相比也有特殊之处，从体育训练的角度来看，体育教学方法以竞技教育为主，其他教学方式起辅助作用。但从实践来看，体育教学应以大众娱乐基础教育为基础，为实现教学目标，需要改正传统方法，以落实教学内容。

目前高校排球教学过程中主要是以教师讲解、示范，学生练习、教师指导等传统教学方法为主，即便教师选择了采用启发式、快乐式等教学方法，也是以常规教学方法为主，只是偶尔在某次课中尝试运用其他教学方法。随着现代教育技术的不断发展，新的教学方法不断涌现，如探究教学法、微格教学法、微课教学法等，这些教学方法新颖独特，能够提升学生的学习兴趣和积极性。但教师对新教学方法的了解与掌握不够深入，操作起来不熟练，制约了这些方法作用的发挥。

（五）排球教学时数现状

教学时数是推进教学进度的重要保障。排球课程中的理论教学和实践教学是相辅相成的,理论教学指导实践,实践教学验证理论,二者缺一不可。但普通高校排球课理论教学时数严重不足,没有计划性,同时教学监管不够严格,学时有限的理论课教学也无法落实。

也有教师认为排球实践教学时数不是很充足,主要原因是高校排球教学场地较少,很多学校没有专门的排球场,遇到恶劣天气就会影响正常教学,实践教学得不到保证。

（六）排球教学考核与评价现状

1. 考核现状

考核是衡量教学成果的重要手段。高校排球课程的考核内容一般分为技术考核和平时成绩,个别院校包含理论考核。三项考核内容的比例为,技术考核50%,平时成绩30%,理论考核20%。

高校一般都是根据排球教学大纲制订相应的技术考核内容,平时成绩是根据学生的出勤情况给出分数;理论考核的内容以排球理论知识和科学锻炼方法为主。这些考核虽然比较全面,形式也比较多,有统一的标准,但在考核过程中忽视了学生的起点因素和进步幅度,从而影响了学生学习过程中的积极性。在排球教学考核中,除了要考核学生的技术动作、出勤率、理论知识外,还应兼顾学生的学习态度、进步幅度及课后作业完成情况等,综合全方位的信息进行考核,给出客观评价,从而调动学生学习的积极性,使教师准确掌握教学效果,改进教学工作。

2. 评价现状

教学评价是对教学工作质量所做的测量、分析和评定,它包括对学生学业的评价、对教师教学质量的评价、对课程的评价。合理的评价可以调动教师与学生的积极性,提高教学质量。当前,一些高校在排球教学中采用的评价方法过于单一,以终结性评价为主,忽略了以学生为本的过程评价,从而无法对排球教学的真实情况和学生的学习情况做出客观、系统的评价。

二、高校排球课程教学改革与发展的策略

（一）端正学生的学习态度

当前，随着我国竞技排球尤其是女排的不断发展，女排精神鼓舞着全国人民，高校也越来越重视排球教学，吸引了大量学生选修这门课程。但很多学生选修排球课一方面是对这项运动感兴趣，另一方面是为了获得学分，因此学习态度不够严谨。再加上传统观念的影响，学生认为选修课不重要，最后有学分就可以，因而经常无故逃课。这样的思想和态度不利于排球教学的开展和良好教学效果的实现。因此，在高校排球课程教学改革中，首先要端正大学生的排球学习态度，加深其对排球运动的了解，培养学生积极上课、主动配合教师的意识，推进教学工作顺利开展。

（二）树立科学的教育理念

高校排球教学要树立以人为本的教育理念，在教学过程中充分体现人文关怀，对大学生的体育学科核心素养进行培养，并促进大学生人文素养的提升，这也是素质教育和全面育人的基本要求。

在高校排球教学中践行人文教育理念，要求以排球课堂为载体，以人文关怀为导向，普及排球文化，传承排球精神，使大学生于无形中提升人文素养，实现自由而全面的发展。人文教育理念是一种以润物无声的方式潜移默化地影响大学生的教育理念，在排球教学目标、教学内容、教学过程以及教学评价的设计中都要体现出这种理念，从而提高排球教学的整体效果。

（三）改善排球教学设施条件

排球教学场地、器材等设施条件较差直接影响了高校排球课的顺利开展。对此，必须及时解决教学场地和器材问题，优化排球教学物质环境，具体而言，高校应进一步加大资金投入力度，及时维修排球场地，更换陈旧器材，定期检查场地设施的安全性。为避免户外环境对排球

实践课的影响,可根据学校条件增建室内排球馆,引进标准的排球器材和有利用价值的辅助教具,尽可能营造良好的教学环境,满足排球教学需要。

(四)增强排球师资力量

第一,引进学历高、运动等级高的排球教师人才,优化排球师资队伍的结构,整体提升排球教师队伍的综合素质。

第二,加强对在职排球教师的职业培训,促进排球授课教师教学能力、科研能力的提升。

第三,鼓励排球教师不断学习新知识、树立新理念、掌握新方法,提高自己的排球知识素养和实践教学能力,并自觉参加培训,提高科研能力,将科研成果运用于排球教学实践中。

(五)合理安排教学内容

高校排球教学内容的改革与优化要从教学内容构建起点出发,打破传统"惯性"思维,从教学整体出发,按照单元式教学原则筛选每节课的完整教学内容,并从学生的不同技术水平出发将学生分成基础组、提高组、巩固组,针对各组学生的实际情况设计不同的教学目标、教学任务,设置不同的教学内容,采用不同的教学方法,不同组的教学内容要有所联系,相互衔接,以便为学生在提高排球技能水平后进入新的组别奠定基础。排球教学内容的设置应该是动态的,随着学生学习水平的提升而不断丰富教学内容,既要有理论和技术方面的内容,也要有健身和娱乐方面的内容,由易到难,由简到繁,循序渐进地完善和拓展。

(六)合理搭配教学时数

排球理论课和实践课都很重要,二者相辅相成,缺一不可。高校要对这两类排球课程形式的教学时数作出合理安排,使理论课和实践课的搭配更加合理。排球理论课的学时可集中安排在前面部分,通过理论教学,使学生对排球运动的基本知识、比赛规则、文化内涵、锻炼原理等有基本的认识,加深对这项运动的了解,然后在之后的实践学习中运用科学理论知识进行指导,提高实践学习的科学性和实效性。集中进行理论教学后,再重点进行实践教学。为避免学生集中一段时间学习排球理论知识或排球技术时感到枯燥无趣,也可以穿插安排理论课和实践课,但相邻理论和实践课应有一定的联系,从而使学生能够将理论课上掌握的内容更好地运用到实践课中,培养学生学以致用的意识和自主学习能力。

（七）改革排球教学评价方式

排球教学考核与评价是检查排球教学质量和学习效果的重要途径,也是反馈教学情况、总结教学经验、提高教学质量的重要措施。在排球教学考评中要进一步更新和优化考评方式。

比如,在评价主体上,重视学生的主体性,鼓励学生参与评价,学生可以进行自我评价,也可以评价同学,甚至在教师教学效果评价中也可以采用学生评价方式。

在评价方式上,打破传统排球教学中以总结性为主的评价模式,应将总结性评价与过程性评价结合起来,关注学生在学习过程中的表现,看到学生的进步和学习态度,及时发现学生在学习过程中存在的问题并指导其尽快解决问题,提高学习效率。

（八）引进拓展训练

拓展训练是借助自然环境或人为设计的特殊情境,让学员投身其中,充分利用个人或团队的力量,应对每个挑战,解决实际问题,从亲身体验中感悟活动中蕴涵的理念,通过反思获得知识、改变行为,达到"挑战自我、磨炼意志、激发潜能、熔炼团队"的目的。这样的一种思维开发或心理训练模式就是拓展训练。近年来,一些高校开设了拓展训练课程,培养大学生的综合素质,或者将拓展训练理念融入体育教学中,加强体育教学改革与创新。拓展训练也可以引进高校排球教学中,对提高排球教学质量具有重要意义。

1.排球教学中引入拓展训练的可行性

（1）拓展训练所需场地器材比较简单

拓展训练与其他训练模式相比,有比较强的适应性和灵活性,在室内和室外都可以开展相应的拓展训练活动,而且拓展训练在排球赛事中也可以得到落实。老师可以对学生进行分组,进行小组练习,小组练习需要一些比较简单的器材,可用排球替代,甚至还有一些不需要任何器材就可以开展的训练项目,老师可从学生的真实情况出发来合理安排与调整不同的场地和器材。另外,老师需在深入分析和研究训练目标的基础上合理配置与有效利用各种器材资源,从而在整体上提升拓展训练的效果和水平,使拓展训练的作用和价值得到充分有效的发挥。

（2）拓展训练安全性较高

拓展训练具有组织性和计划性,在拓展训练实践的落实过程中,大部分活动都是相对安全的,主要是地面项目,学生在参与训练前,教师会对其进行正确引导和安全教育,老师需要从学生实际情况出发做好前期策划和客观分析工作,不同环节之间的联系必须要加强,从而使拓展训练活动开展的安全性和可靠性得到有效的保障。另外,要严格按照国家的统一标准来检查拓展训练中采用的器材,使双重保护的作用和价值得到真正的发挥,最大化地保障拓展训练的安全性。

（3）排球教师可胜任拓展训练师的角色

拓展训练涉及的内容较多,也具有一定的复杂性,而且不同项目与游戏活动之间存在某些联系,排球教师应结合学生的日常生活与学习而安排一些能够吸引学生注意力、激发学生参与积极性的拓展训练活动。传统体育和游戏活动对学生具有一定的吸引力,对学生实际学习需求进行深入了解是教师的一个职责,在实践教学中掌握了相关实践经验的教师不在少数,这些教师对拓展训练的活动要求、相关规则也有一定的了解,因此能有效组织学生的拓展学习活动,有效点拨和引导学生参与拓展训练活动,同时鼓励学生分享团队经验。因此,高校排球教师基本可以胜任拓展训练师的工作。

2. 排球教学中引入拓展训练的重要性

（1）培养学生的团队协作精神

作为世界竞技体育的重要项目之一,排球运动对参与者的集体合作意识与协同配合能力提出了较高的要求。在排球比赛中获取胜利,有一个不可忽略的关键因素,即拥有良好的团队精神。拓展训练与传统排球训练相比,与实际更贴近,训练价值更高,更有利于在既定时间将训练目标有效完成。学校的排球训练方法单一,以体能训练和技术训练为主,或设计一些游戏训练方式来调动学生的练习兴趣,这种方式虽然趣味性较强,但如果长时间采用,学生也会感到厌烦,进而失去学习、训练的兴趣与动力。而在排球教学中引入拓展训练方式,可以改变单一枯燥的教学方式,使排球训练更加人性化,并且有助于培养学生的团体意识、合作意识,使学生之间的沟通与交流进一步加强,促进学生团队意识、责任感及对他人的信任感的提升。另外,拓展训练方式具有一定的变动性,这样就能不断吸引与刺激学生,使学生一直保持积极的学习心态,顺利达成学习目标。

（2）帮助制订有利于教学的训练方案

在排球教学中将拓展训练思维运用其中,可以从学生的实际情况与需求出发将相应的训练形式确定下来,从而对学生的学习热情进行有效的激发,进一步挖掘与开发学生的潜力。排球基础薄弱的学生通过参与适合自己的拓展训练项目,可以锻炼自己的排球技能,并能对排球运动的内涵有更深刻的体会,重新认识排球运动。此外,因为学生之间存在明显的个体差异,所以他们都有自己的运动技巧,将拓展训练思维方式引入排球教学中,对促进学生的进一步发展具有重要的导向作用,能够使学生明确自己要努力的目标,使自身价值更好地实现。

在排球教学中进行拓展训练,还能适当延伸排球基础技能训练内容,从学生的实际情况出发对适合他们的训练方式进行设计,促进学生排球基础运动能力的不断增强。教师还可以在教学中以学生的实际情况为依据对一些强度较高的训练活动进行安排,并参考"适者生存"的标准考查学生的能力,从而激发与培养学生的竞争意识,使学生在训练中不断克服困难,独立解决问题,超越自己,从而在促进学生排球技巧及综合素质提升的同时对其意志力进行有效培养。

（3）促使教学训练内容多样化

传统排球教学训练中,训练内容较为单一,训练方法十分有限,这对学生学习能力及技巧的提升造成了一定程度的限制。此外,在传统排球教学中,教师对学生的体能训练与技能训练更重视,将学生的训练成绩看得非常重要,而对学生内心的真正诉求却不够重视,这导致学生在学习中产生厌烦心理,从而对学习水平的提高造成了不好的影响。

随着新课程的深入改革,传统排球教学理念在一定程度上受到了冲击,教学目标越来越多元、完善,强调培养学生的团队意识、适应能力、协作能力及综合素质。将拓展训练思维方式引进排球课堂教学中,能够有效落实新课改理念,并对新课程理念起到一定的宣传作用。在应用拓展训练方法的过程中,要对科学合理的训练方式加以设计,依据现有的排球设施条件,参考排球技术教学规定,对多样化的训练活动进行安排,学生在这种氛围中可通过多种方式来锻炼与提升排球技能,促进实践能力的增强。总之,在排球教学中引进拓展训练,能够使传统排球教学中存在的问题得到一定的解决,并有效促进现代高校排球教学的发展。而且拓展训练教学方式具有可持续性,能够对学生的排球技能进行长期有效的培养。

3.拓展训练在排球教学中的应用策略

(1)建立与完善拓展训练实践体系

为了能够有效开展高校排球教学活动,排球教师应以学生的实际情况为依据将拓展训练方法应用到排球教学中,并重视对拓展训练体系的建立与完善,从而实现既定的排球教学目标。建立与完善拓展训练实践体系需要做好以下工作。

第一,分析排球教学与培养目标,在此基础上选择适宜的拓展训练项目来开展。

第二,在排球教学过程中依据教学需要实施拓展训练。

第三,根据体育场地条件来调整与完善拓展训练计划,并对相应的拓展训练实施方案加以制订,不断完善拓展训练实践体系。

(2)教师充分发挥引导作用

排球教师要意识到自身在排球拓展训练活动中的重要性,并将自身的引导作用充分发挥出来,合理设计拓展训练的个人与团队项目,有效培养学生的兴趣,充分调动学生的积极性,培养学生的团队合作意识,促进学生身体素质水平的提高,实现健康的全面发展。拓展训练对教师的专业能力、思维能力、创新能力有较高的要求,因此教师要不断丰富与完善自身知识结构与技能素养。

(3)整合排球教学与拓展训练

在排球教学中将拓展训练法融入其中,要将二者的主次关系分清。拓展训练为排球教学服务,是一种辅助性的教学方式。因此应该以排球教学为主,将教学目标明确下来,依据教学目标对拓展训练项目进行科学合理的设计与安排。

（九）推进排球精品课程建设

排球精品课程是高校排球课程体系的重要组成部分，具有水平较高、特色突出、示范性强、影响范围广等特征，它是衡量高校体育教学水平的一个重要标志。加强对高校排球精品课程的建设，有助于推动高校排球教学的进一步发展，提高排球教学水平与质量，扩大排球教学的影响力。建设排球精品课程对教学资源与条件的要求较高，相对来说，高校比较具备这方面的条件，具有可行性。

1.排球精品课程建设的必要性

（1）顺应新课改的趋势

排球精品课程是顺应我国高等学校在确立面向新世纪教学内容和课程体系改革计划实施的初始阶段所标明的课程建设的范式，是教学改革的新增长点。然而，在高校体育教育中，教学资源是相当有限的，体育教师的教学能力也是存在差异的。高校体育教学中优秀的学科领导者、课程建设的积淀以及传统教学模式等一系列有利或不利的因素，使高校的体育教学改革和教学质量的全面提高在短期内无法顺利实现，面对改革的种种困难，要想取得突破，就要建设不同于传统体育课程的新型课程，而精品课程就是能够提高排球教学质量的优秀课程之一。

（2）传播价值理念的需要

排球精品课程是高校排球运动的品牌代表，表明我国高校贯彻《普通高校体育课程教学指导纲要》后在课程建设方面有了新的发展与进步。高校建设排球精品课程能够对一个积极的理念进行推动，即质量是维持课程生命活力的根本要素；形成由排球名师和稳定的排球教学骨干所组成的优秀教学团队；建成影响广泛深远且具有代表性的排球课程；通过排球课程带动其他项目的课程，促进体育教学整体质量的提高；营造良好的体育教学氛围，促进排球教师及其他体育教师创新能力及综合职业素养的提高。

（3）发挥独特功能的需要

排球精品课程是高校体育教学中创新与优秀课程的典型代表，通过建设这一课程，排球教学的魅力能够彰显，并展示给学校其他学科，起到示范作用。排球精品课程面向的对象是高校全体学生，对所有学生都有积极的影响，可以将自身的育人价值充分地发挥出来，其他任何学科的课程都不能代替这一优秀的课程。在高校所有的体育重点课程中,排球精品课程占据一定的地位并产生相应的影响力。同时,为了促进高校体育工作间的交流与沟通,需要建设精品课程及其他新型课程,使精品课程的建设能够达到公认的发展水平。高校排球教学中,教学人员以创设精品课程和实施精品课程教学为傲。

(4)受外部促成因素的影响

第一,高校在扩大招生规模后,办学资源不足,且资源质量较低,面对这一窘境,要想促进排球教学质量的提高,就需要对精品课程进行建设,并发挥其示范作用。

第二,高校的办学理念与思想是在不断变化与更新的,所以对排球教学质量进行衡量的指标与方法相应也在变化,建设排球精品课程可以为教学质量的衡量提供一个可靠的方法。

第三,在高校体育教学改革过程中,不可能在短期内全部实现对教学内容、方法及模式的改革,而且改革的效果在短期内也不明显,可将建设排球精品课程作为一个实验,发挥其导向作用。

第四,高校大学生的价值观在不断变化,要想促进高校体育教学目标的顺利实现,就需要让大学生对"健康第一"的理念与思想有一个正确的认知,而建设排球精品课程对吸引大学生的注意力,帮助其充分理解健康第一的价值理念具有积极意义。

2. 排球精品课程建设与改革要点

(1)明确排球精品课程建设的目标

第一,通过排球精品课程建设促进学生体育能力的全面提升。体育能力是一个有机的综合体,构成要素主要是体育知识、体育情感、体育智能、体育技术及技能,拥有良好体育能力的个体可以从事多方面的体育活动。大学生具备良好的体育能力后,当其步入社会时,可以以条件与环境的变化为依据对自己喜欢的体育活动、体育事业加以选择与从事,以促进自身生存发展及健康需求的满足。

第二,以排球精品课程为载体促进终身体育目标的实现。通过指导学生学习与掌握排球精品课程的理论和实践内容知识,促进学生身心健康水平的提高,使学生可以采取有效的方法来对自己的情绪进行调节,促进心态的改善和心理障碍的消除,同时使其将良好的道德水准和协作精神表现出来。高校体育教师通过讲解与分析排球科研状况,使学生对国内外排球科研的最新动态进行及时的了解,对排球科研的方法与工作程序有基本的掌握,从而促进其排球科研能力的初步形成。

（2）深化排球精品教学改革

高校中开展排球精品课程教学改革主要是为了实现以下目标。

第一,促进学生体质的不断增强,使学生的排球技能得到提升。在促进学生排球专业技能提高的同时,对学生的体育教育能力进行重点培养,如教学能力、训练与比赛能力、竞赛组织能力等。

第二,使学生对排球的发展历史、基本规则及裁判法、健身方法等加以了解,促进其良好体育意识的形成,并使其终身锻炼的习惯得以养成。

第三,促进学生设计自我锻炼计划的能力与自我评价能力的不断提高。

第四,使初级学生对排球基本技战术加以掌握,提高与强化中高级学生的技战术能力。

第五,对学生的综合应用能力进行培养,特别是组织与管理排球竞赛的能力。

第六,促进学生自主学习能力的提高和创新能力的增强,从而促使学生的综合素养得以提高,使其能够与未来的就业与发展需要相适应。

具体而言,排球精品课程改革的策略包括以下几方面。

第一,贯彻因材施教的原则,以学生的实际情况为依据,将排球精品课程教学要求分为一般要求和较高要求两类。绝大多数的大学生要达到一般要求,起点水平较高、学有余力的少数学生要达到较高要求。

第二,实行分板块教学,将精品课程教学分为基础、提高和发展三个板块。其中,所有的学生都要达到"基础板块"的一般教学要求;"提高板块""发展板块"是针对有良好排球基础和天赋的学生设立的,以促进这部分学生排球技能和实践能力的提高。

第三,综合理论与实践教学。排球精品课程教学分两部分,即理论教学和实践教学,课堂教学与网络教学是理论课教学的主要途径,课堂、室外与网络相结合的教学模式是实践课教学中主要采取的模式。

第四,实行分层、分级教学。分层教学指的是排球精品课程教学分选修、专修和必修三个层次。分级教学针对的是必修学生。在开始授课前,学生要参与初评考试,然后以其考试成绩为依据对其进行初级、中级与高级的划分,然后实行分级教学。对于初级学生,主要是培养其排球技术能力。对于中级学生,主要是培养其技术能力及战术运用能力。对于高级学生,重点对其科研能力和技战术应用能力进行培养。

第五,开展教学评估。在排球精品课程教学的总成绩中,理论部分、技术部分、技能部分所占的比例分别为30%、40%、30%。对不同层次与级别的学生所采用的教学评价方法与手段也不相同,要注重对学生的自我评价能力进行培养,并对学生实施综合评价。

(3)科学进行排球精品课程教学评价

通过排球精品课程,要培养身体健康、人格独立、拥有终身体育意识的大学生。基于这一重要目标进行排球精品课程教学评价,要鼓励大学生作为评价主体参与评价。推动大学生的异趣化学习是高校建设排球精品课程时强调的一个重点,学生自主学习排球精品课程,教师对其进行督导与帮助,学生在对自我学习权利进行控制时同样拥有一定的评价权。为此,排球教师与学生要共同以现实条件及学生已有的知识、志趣等为依据对排球精品课程教学的评价标准进行制定。排球精品课程教学贯彻以学生为本的理念,作为领军课程,精品课程教学评价也要发挥培养学生自主评价意识与客观评价能力的动能,使学生在评价中认识自己的不足,并及时改进。

在教学评价中还要创新评价方法。传统体育教学中,观察、调查、测验等是普遍采用的评价方式。在排球精品课程教学评价中,要以教学目标为依据对以上几种常用的评价方式进行合理的采用与适当的创新,不仅如此,还应对新的评价指标与方法进行开发。创造新的评价方法时,可以对管理学的知识进行借鉴,使学生对自我发展进行合理规划,并对发展计划进行评价。教师在评价时要适当采取绩效评估和综合评定等方法。调查发现,大多数大学生认为,在排球精品课程教学中自身的价值取向应该受到教师的尊重,自我认定与自我评价都离不开自我价值取向这一前提。因此,在相应的要求下,教师要充分尊重大学生的价值取向,重视大学生的自我评价,并对大学生进行综合性评价。

第二节 高校排球课程中思政元素的挖掘

一、排球发展史教学中的思政元素

在排球教学中讲述中国排球发展历史时,可以重点讲述中国女排的发展史,尤其是中国女排在世界大赛中的辉煌成绩,从而激发学生的爱国热情,振奋民族精神,使学生产生为实现"体育强国梦"而奋斗的熊熊斗志。

"女排精神"是中国排球文化的重要内容,也是排球文化教学与传承的重中之重,以"扎扎实实、勤学苦练、无所畏惧、顽强拼搏、同甘共苦、团结战斗、刻苦钻研、勇攀高峰"为核心的中国女排精神一度被视作中国体育精神的象征,彰显了中国体育风范、体育文化自信和体育精神面貌。在高校排球发展史教学中,排球教师应紧紧围绕"中国女排精神"寻找思政元素的融入点,用中国女排精神激励学生,使学生以中国女排为榜样,学习她们的精神品质。

二、排球技术教学中的思政元素

排球技术是高校排球课程教学内容的重要组成部分,技术教学主要包括垫球、传球、发球、扣球和拦网等内容,这些技术也是学生参与排球运动应掌握的基本功,学生只有不断学练,才能夯实基本功,熟练运用这些技术。在长期的排球技术学练中,学生能够形成积极向上的学习态度和坚持不懈的意志品质。

下面具体分析各项排球技术中蕴含的主要思政元素。

(一)垫球技术中蕴含的思政元素

垫球是排球技战术实施的前提。在排球垫球技术教学中应从下列两方面进行思政元素挖掘。

第一，吃苦耐劳的精神。学生学习垫球技术之初，身体会产生不适，如手臂疼痛等，教师应鼓励学生坚持下去，克服困难，进而培养学生的吃苦和付出精神。

第二，脚踏实地的精神。垫球是排球的基本功，学生必须经过不断的练习才能掌握，教师要引导学生扎扎实实、稳中求进，脚踏实地掌握好这项技术。

（二）发球技术中蕴含的思政元素

排球比赛正式开始后，一方先发球，发球是比赛的首要环节。此时，若发球质量高，则对接下来的比赛有积极的影响，发球方能够赢得主动，甚至通过高质量的发球就能够直接得分。在发球技术教学中，要教育学生"走好开头第一步"，尽早树立正确的人生观和价值观，这样可以为以后的前进道路指明方向，少走弯路。

（三）传球技术中蕴含的思政元素

传球是进攻的基础，传球质量直接影响进攻效果。传球技术中蕴含的思政元素主要是集体观念、团队协作、信任配合，将这些元素作为素材进行思政教育，能够培养学生的这些良好品质。需要注意的是，传球需要团队配合，但最终只有一人得分，对个人而言，得分固然重要，但如果自己并不处于优势地位，那么就要有奉献精神，主动配合队友完成传球，帮助队友得分，这便能够增强学生的集体主义观念，使学生以团队利益和集体目标为主。

（四）扣球技术中蕴含的思政元素

扣球是排球运动中难度较大的一项技术，需要学生发挥弹跳力，腾空跃起，当球在空中最高点时快速有力地向对方场地击球，从而得分。扣球技术教学中包含的思政元素主要有勇于拼搏、敢于担当和超越自我，教师要鼓励学生敢于扣球，增强其自信心。

（五）拦网技术中蕴含的思政元素

拦网是排球防守的主要手段，主要用来破坏对手的进攻，好的拦网不仅可以降低对方的进攻效率，还能为反攻做铺垫，因此在拦网技术教学中要培养学生的判断意识和时机意识，顺势对学生进行职业教育，在工作中更应该常常做好充分的准备，抓住机会。此外，也要教育学生第一次拦网失败后不要放弃，要敢于面对失败和挫折，顽强拼搏。

三、排球战术教学中的思政元素

高校排球战术教学中蕴含的思政元素主要是团结协作意识、合作竞争意识、集体主义精神等。

（一）进攻战术中蕴含的思政元素

进攻战术是指在排球比赛中为了得分而采取的一切符合规则的进攻行动。进攻战术的有效实施需要队员之间相互信任、鼓励和沟通配合，不能推卸责任和抱怨他人。在排球进攻战术教学中，教师可以挖掘其中的团结合作、大局观念等思政元素，利用这些思政教育资源来培养学生的大局意识、合作精神以及正确的人生态度。

（二）防守战术中蕴含的思政元素

防守战术是在排球比赛中为了使球不落在己方场地区域的一切合规行动。防守战术的实施同样离不开队员之间的沟通与配合，队员快速反应、准确预判，和队友打好配合是至关重要的。在防守战术教学中，教师可重点培养学生的团队意识、反应能力、责任意识和果断品质，要大胆处理球，不能一味通过躲球来规避失误。

四、排球比赛规则教学中的思政元素

排球比赛规则中可挖掘的思政元素包含尊重、法治、公正、平等（图6-1）。

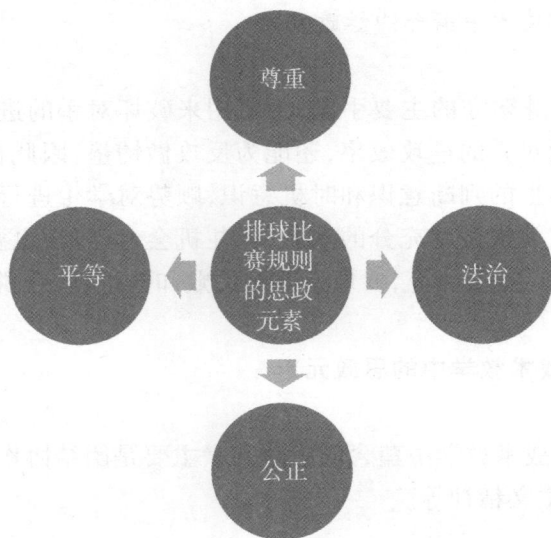

图 6-1

（一）尊重

在排球比赛中，参赛选手要尊重队友，尊重对手，尊重裁判，尊重观众。只有自己尊重别人，才能赢得别人的尊重。教师要引导学生在比赛中尊重他人，无论是作为参赛选手，还是作为观众，都有尊重的对象，也都是被尊重的对象，这有利于培养学生文明参赛、礼貌观赛、尊重他人的良好品质与行为习惯。

（二）法治

排球比赛应在规则范围内开展，任何参赛选手都要遵守比赛规则，完成任何一项技战术行动都要符合规则要求，否则视为犯规。为了得分而故意犯规的行为是可耻的，是不受认可和尊重的。通过这一点，教师可以培养学生遵守规则的意识和习惯，进而渗透法治教育，使学生成为一名自觉守法的好公民。

（三）公正

在排球竞赛规则教学中要培养学生公平、公正的思想观念。教师可以在排球模拟比赛中让学生担任裁判角色，履行裁判的职责，在执裁中公平公正地判罚，不能偏袒任何一方。

（四）平等

每个人在规则和法制面前都是平等的，排球比赛中的任何选手都应该被裁判和观众平等对待，在排球竞赛规则教学中向学生渗透这样的价值观念，有助于帮助学生强化平等意识，这是学生将来适应社会的必备素质。

综上分析，无论是排球理论教学、排球技术教学、排球战术教学还是排球竞赛教学，都包含丰富独特的思政元素。在具体教学过程中，要善于挖掘和利用这些元素，将其与教学内容、教学方法有机融合，达到良好的思政育人效果（图6-2）。

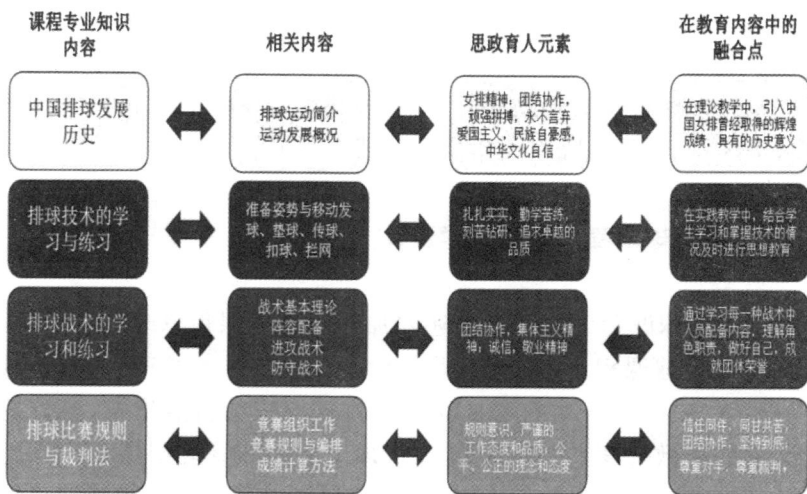

图6-2 排球课程思政元素①

---

① 高勤，闫苍松，肖鸿鹰.体育专业"排球"课程思政建设的设计与实施[J].大连大学学报，2022，43（02）：39-46.

第三节　高校排球课程思政建设的思考

一、树立立德树人的教育理念

在高校排球课程思政建设中,要树立与落实立德树人的教育理念,在排球课堂的各个教学环节充分融入正确的政治思想教育和精神信念培育。在排球课程中融入课程思政,能够为排球教学提供一种隐性教学方式,通过隐性教学实现排球教学目标和思政育人目标,这比直接在排球课上灌输思想政治知识、进行浅显的思政融合教育效果要好得多。

将课程思政理念落实到排球课程教学中,是立德树人视域下排球课程教学改革的一个关键。立德树人是课程思政的实质,在排球课程思政建设中,要坚持立德树人,落实课程思政的方针与要求,将思政教育与排球教学有机融为一体,从而培养大学生的政治观念、基本价值观念,并促进高校排球教学效果的提升,使高校排球教学在思政育人领域实现更高水平的目标,最终促进大学生全面发展。

二、加强排球课程思政的科学设计

在高校排球课程思政建设中还要加强对排球课程思政的科学设计。以体育专业排球课程为例,为了进一步践行立德树人的理念,将思政教育充分融入专业课程中,有必要从专业排球课程的特点出发,充分挖掘排球课程的思政元素,并从课程层面、师生层面和管理层层面探索思政教育融入排球专业课程的切入点和有效路径,从而为专业排球课程思政建设提供正确的方向,为课程思政视域下的排球课程设计提供价值引领。体育专业排球课程思政设计思路可参考图 6-3。

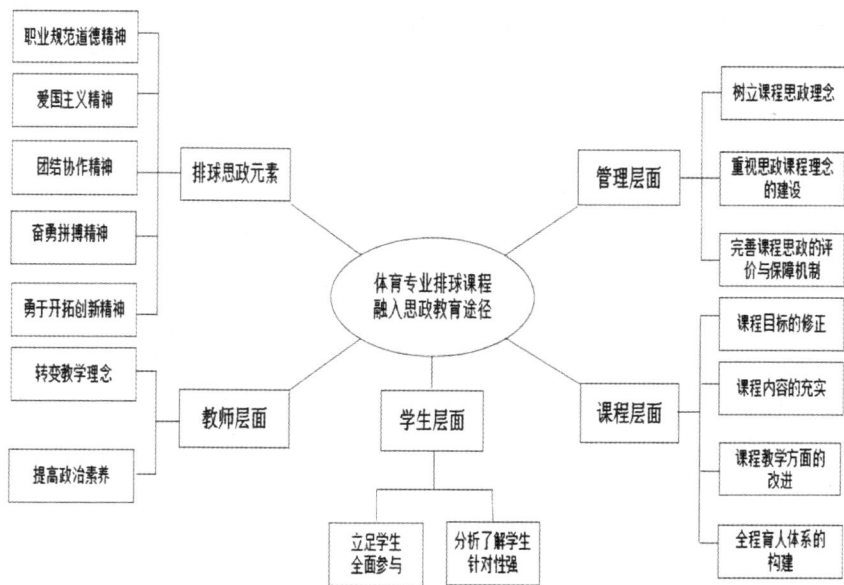

图 6-3　体育专业"排球"课程思政设计思路[①]

三、通过排球理论课进行思政教育

单一的课程形式容易消磨学生的学习兴趣,不利于对学生进行思政教育。因此想要顺利推进课程思政进入排球课堂教学,要改变以往排球教学重视实践教学而忽视理论教育的做法,认识到排球理论课程在思政教学中的作用,科学合理设置排球理论课程。教师可以采用多种形式进行理论知识教学,将思政教育的内容穿插到理论课中,通过丰富的课堂形式提升对学生的"德育"效果。

比如,教师可以通过讲述排球的发展历史,引导学生感受排球的文化内涵,从中受到人生启发;可以为学生播放一些著名的排球赛事视频,尤其是中国女排精彩比赛视频,让学生感受排球精神,强化民族认同感和爱国意识;还可以通过为学生介绍排球运动中的各种规则,帮助学生树立规则意识和责任意识;通过让学生了解排球运动中每个队员的角色和各自需要承担的责任,让学生了解团队合作的重要性,学会相

---

① 高勤,闫苍松,肖鸿鹰.体育专业"排球"课程思政建设的设计与实施[J].大连大学学报,2022,43(02):39-46.

互配合,等等。总之,教师在进行排球理论教学中将理论知识和思政知识相结合,一方面能够帮助学生加深对排球理论知识的理解和记忆,另一方面也实现了对学生的思政教育。

四、抓住细节对学生进行思政教育

生活是由无数个细节组成的,人们的思想素质和道德水平能够从一个人的行为细节中体现出来,同样,如果对人们行为的每一个细节都严格要求,人们的思想道德素质和价值观念也必定能够得到正向的发展。高校排球教师在推进思政教育进入排球课堂的过程中,可以将课堂上的一些细节作为思政教育的入手点,比如在学生领取和归还排球教材的时候可以教导学生要礼貌待人;在学生和教师、学生与学生之间进行交往的时候可以教导学生要尊重师长、友爱同学;在组织学生列队、上课的过程中可以教导学生做事要遵守规则和纪律,等等。从细节处入手对学生进行思政教育,有利于加深学生的感悟,获得理想的教育效果。

五、课内外结合,提升思政教育效果

高校排球课程教学的实施以课堂为主要阵地,但如果只是开展课堂教学,忽视了课外排球活动,那么将思政教育引入排球课程中就会受到时空的限制,最终影响排球思政育人的效果。鉴于此,建议构建课内外一体化排球课程思政教学模式,将思政教育贯穿于排球课堂教学和课外活动中,这样不仅能够使学生接受思政教育,还能使高校排球运动队、排球俱乐部、排球社团的成员都在无形之中接受思政教育,提升他们的思想道德水平和综合素质。

下面分别从课内和课外两个方面探讨如何将思政教育融入排球课程中。

（一）课内

在排球课堂教学中,要善于将思政教育融入排球教学内容的实施中。很多人认为一般在排球理论知识的讲解中容易贯穿思政教育,如讲解排球发展历史,融入爱国主义教育;讲解排球比赛规则,融入遵纪

守法的教育等。但其实在排球技战术教学中也可以融入思政教育。本章第二节已经提到，排球技战术本身就蕴含着思政元素，这就需要排球教师在技战术教学中善于利用这些元素巧妙开展思政教育，方法参考如下。

1. 在排球技战术教学中培养大学生的规则意识和法治意识

一个人高尚的道德品质一定程度上是以强烈的法治意识、规则意识为标志的。每个人都应该具备规则意识和法治意识，高校思政教育也非常重视对大学生规则意识和法治意识的培养。利用排球技战术教学培养大学生的规则意识和法治意识是具有一定优势的，具体可通过下列方法将课程思政融入排球课堂技战术教学中，从而促进大学生规则意识、法治意识的形成和强化。

第一，体育课程的课堂教学与文化课程的课堂教学不同，体育课堂上教学内容、形式都比较丰富和灵活，教学过程比较生动，教师能否组织好课堂教学，关键在于要提出一些约束性的规则，加强课堂常规管理。排球作为体育课的重要内容之一，在课堂教学中自然也要加强管理，加强规则约束，无论是组织学生领取和归置器材，还是进行准备活动、练习活动，教师都要提出明确的规范准则和行为要求，使学生依照规范和准则去行动、学习，这样排球课堂教学才能顺利实施。在排球技战术教学中，教师尤其要把握好规范性要求，时刻监督学生的行为，纠正学生不符合要求的行为，使学生按课堂规范、排球规则进行排球技战术学练，从而培养学生遵守规则和纪律的意识。

第二，在排球技战术教学中组织实践性的教学比赛活动，教师担任裁判员，向学生说明比赛规则，从专业的角度判断学生的比赛行为是否符合规则。学生必须严格按规则参赛，自觉遵守规则，约束与规范自己的比赛行为，一旦违背规则，将由担任裁判的教师提出惩罚事宜。有些学生认为，比赛规则只有运动员才需要遵守，是运动员的必备素质，而自己不需要遵守。这是错误的思维，体育本身就是有规则的身体活动，任何参与者都要遵守相关规则。大学生参加排球运动，学习排球技战术，应该自觉遵守排球规则，提高规则意识，并将此内化为自己的道德素质。具备该品质的学生，在体育运动中会遵守体育规则，在其他领域也会自觉遵守其他领域的规则，而且法治意识也会渐渐增强，从而做一名遵纪守法的良好公民。

2.增加趣味竞赛内容,培养大学生的集体主义精神和合作意识

在排球课堂上进行技战术教学时,可以组织一些趣味性的技能比赛,尤其是需要团体比赛等,将有助于促进学生之间交流情感,建立友谊,相互学习,取长补短,共同进步。通过小组合作和组间对抗,学生会渐渐明白集体的力量是非常强大的,个人力量在集体面前十分微小,要融入集体,以集体利益为主,为集体的共同目标而努力才能获得集体的胜利,如果脱离集体,不与同学合作,主观臆断,将导致团队成绩落后。通过比赛,学生将会在潜移默化中形成集体主义精神,合作意识与沟通能力也将得到增强。

3.以"女排精神"为融入点,培养大学生的意志品质和进取精神

高校思政教育也注重对大学生社会适应能力的培养。任何具有社会属性的人,要想成功,就必须具备一定的社会适应能力,这是大学生将来步入社会后的必备能力,也是大学生意志品质的一种体现。在排球技战术教学中,不断融入与渗透"女排精神",利用"女排精神"从情感深处激励学生、磨练学生,培养学生自强自信、勇敢机智、坚韧不拔、积极进取的良好品质,并让学生通过体会"女排精神",真正做到以诚待人、尊重他人、团结协作、永不放弃,这些都是大学生良好人格素质的重要内容。

(二)课外

在高校课外排球活动中渗透思政教育,主要是在排球俱乐部活动、排球社团活动和排球运动队训练和比赛以及其他形式的课外排球活动中进行全面渗透,挖掘各类活动中的思政元素,从而使活动更有教育意义,使学生或运动员在课余排球活动、排球训练及排球比赛中不仅能够提高排球运动水平,还能获得其他收获。

需要注意的是,在高校课外排球活动中要善于培养大学生的审美意识和欣赏能力,这也是思政教育与排球教育相融合的一环。体育和美有着天然的联系,二者相互依存,相辅相成。体育从运动精神的角度而言也是一门艺术,包含身体形态美、运动美、精神美等诸多审美元素,这些审美内容在排球运动中同样存在。在丰富多彩的课外排球活动中,

学生在不断的练习中能够将强健的体魄、良好的技能展现出来,并在尊重教师、团结同学、遵守规则、坚持不懈、积极拼搏、顽强奋战中展现自己的体育精神。在融入审美教育的课外排球活动中,学生更能够深刻体会到排球运动的精神文化——竞争与友谊、保持与超越、顽强坚持、平等和平、公平公正、团结协作、集体主义精神及爱国主义精神等,也能够更好地参与和欣赏排球比赛,这将有助于提高大学生的审美能力和欣赏能力。大学生若能够将这些体育精神内化为个人品质,将会成为其终身的宝贵财富。

第七章

高校网球课程教学改革与课程思政建设

　　网球是深受大学生喜爱的一项球类运动,近年来在高校开展得如火如荼,高校网球课程建设水平也在不断提升,受传统观念的影响,网球教学中依然存在一些普遍性问题,需要尽快改革与处理,为网球教学的顺利开展和持续发展扫除障碍。在高校网球课程教学改革中,要立足立德树人的教育背景,对网球运动中蕴含的思政元素进行深入挖掘,并充分融入网球课内外教学中,将网球教育与思政教育融为一体,促进网球课与思政课同向同行,提高协同育人效果,促进大学生全面发展。本章主要对高校网球课程教学改革与课程思政建设展开研究,首先分析高校网球课程教学的现状,提出改革策略,然后阐释高校网球课程的思政元素与育人价值,最后探索高校网球课程思政建设路径。

第一节 高校网球课程教学现状与改革策略

虽然现在网球课在很多高校已普遍开设,但我国网球运动起步晚,传入高校的时间也比较晚,所以各高校在网球课程建设上还没有达到完善的程度,网球教学体系存在许多问题,这直接影响了高校网球教学效果和网球文化建设。网球运动是讲究礼仪的高雅运动,而且还有较为复杂的规则,所以需要专业的网球教师来教学生,需要不断改革与优化网球课程与教学体系,这对于宣传与普及健康的、积极向上的网球文化具有重要意义。本节主要对高校网球教学现状,主要是一些教学问题进行分析,然后针对实际情况提出改革策略和建议。

一、高校网球课程教学现状

(一)教材不统一,教学大纲不完善

现阶段,我国绝大部分高校都在选用自编网球教材,网球教材的统一程度极低。而且,不同网球教师的教学理念、教学视角难免有所不同,所以使得高校无法高度统一教材选择工作和教学大纲制定工作,从而造成了高校组织和举办网球教学活动时着力点的不同。此外,教学内容与教学目标两项教学要素的不统一大大增加了统一网球运动教学大纲的难度,如此也就无法制定达到规范、统一要求的教学模式,网球教学过程中各高校自成一体,不利于整体推进高校网球教学工作的开展。

(二)师资力量不足,教学周期较短

要保证高校网球教学的顺利开展和良好效果,一定要配置一支专

業素質水平高的師資隊伍。運動技能傳授是我國絕大多數高校網球教學中採用的主要教學模式，網球教師作為技能傳授的主體，自然成為學生爭相模仿的對象，這就需要網球教師掌握專業的網球運動技能，為學生傳授正確的網球技術，確保大學生能夠接受規範的網球教育，並促使網球運動在高校中得到更好的傳播和發展。但現實中高校網球師資隊伍中有些教師的專業水平並不高，教學能力欠缺，甚至還有非網球專業出身的教師作為網球授課教師的現象，這嚴重制約了高校網球教學的發展。

此外，在一些高校中，網球課程教學時數較少，一般都是以一學期作為周期，從網球自身的特點及豐富的教學內容來看，教學周期短將使學生無法接受系統的、全面的網球教育，這成為高校網球教學無法獲得理想教學效果的主要障礙之一。

（三）教學內容資源利用率低

在高校網球課程教學過程中，選擇什麼樣的教材往往對網球教學的系統性、教學課程結構設置的順序性有很大影響。教材問題是我國很多高校開展網球教學活動需要盡快解決的問題。各高校使用的網球教材大多是參照自身的綜合情況以及實際需求選擇的，或者是特定出版社發行或由本校師資團隊自行編著。在網球教學中，主要內容涉及網球運動的發展演進、基礎理論知識、基本技戰術、比賽編排與執裁等，和網球運動的競技領域基本不存在交集。事實上，網球教學內容資源十分豐富，除了要通過教材選取教學內容外，還要善於從課外、校外甚至其他運動中挖掘網球教學內容資源，從而豐富網球教學內容體系。而當前因為對網球教學內容資源的挖掘不夠深入，導致現有網球教學資源的利用率極低，一定程度上造成了教學資源的浪費。

（四）校園網球文化氛圍不夠濃厚

高校若能夠充分調動學生參與網球運動的積極性，便能夠為高校開展網球教學提供重要支撐力。學生參與網球運動的積極性主要受校園網球文化氛圍的影響。文化氛圍濃厚的網球學習環境往往有助於更好地推進網球教學過程，實現教學目的，也能引導學生以更加自覺的態度参与网球运动,最终为高校网球运动的持续发展带来强大的推动力。目前,由于高校网球文化建设落后,导致校园网球文化氛围不够浓厚,无法将学生的注意力吸引到网球运动中来,从而影响了网球运动在高校的进一步普及,也制约了网球课程教学活动的顺利开展。

(五)学生对网球的认知水平低

网球运动是一项能够引领时尚潮流的运动项目,不仅对促进我国社会经济的发展有积极作用,还对促进民族整体素质的提高有积极作用。对于高校来说,开设网球课程不仅可以和国际体育项目接轨,也能把网球运动的文化价值充分凸显出来,还能使学生参与的健身运动更加多样化。然而,在高校网球运动教学中,很多学生参与网球运动的主要动机是获得学分,因而他们在学习中往往只局限技术层面的沟通和学习,没有积极学习和充分掌握网球运动的文化知识,更没有主动扮演网球文化传播者的角色,没有深入理解和掌握网球文化礼仪,网球基础认知水平整体有待提高。

(六)教学手段单一,学生积极性不高

适当的运动量、适度的学习任务、丰富的教学手段、相对轻松的学习环境都能够成为吸引学生积极参与网球运动的有利条件。就教学手段而言,这是非常重要的网球教学因素,对学生网球学习的积极性和最终效果有决定性影响。很多网球教师习惯采用传统的讲授法、示范法进行网球教学,学生在听讲、观看示范后也只是重复练习,整个过程中不管是教法还是学法都比较单一,缺乏新意,久而久之,导致学生产生厌倦和懈怠心理,甚至出现排斥情绪。可见,教学手段单一会带来种种不利影响,采取单一化传统教学手段的教师始终把注意力放在基本技术的反复示范和练习上,一节课的多数时间用来重复练习单个动作,重复练习对已经掌握了动作的学生来说是极为枯燥的,对尚未掌握动作的学生而言也不是最适合他们的学习方法,这种情况下网球教学就毫无趣味性可言,学生学习积极性下降是必然结果,这需要引起网球教师的高度重视。

二、高校网球课程教学的改革与优化

（一）加强网球场地设施建设

要推动高校网球教学发展，建设高校网球文化，首先要重视网球基础设施建设，这是发展网球运动的基础条件。另外，爱护网球场地也是网球运动的基本礼节之一，因为和其他体育文化相比，网球文化有更加细致的规则。专业的网球场地是发展网球运动和建设网球文化的首要前提。网球教学同样离不开充足的网球场地这个最基本的物质条件，只有先对网球场地设施进行完善，才有可能提高网球课程教学效果，也才可能落实高校网球文化的建设工作。

我国有很多高校开设网球课程的时间并不长，基础教学设施严重不足，物质条件较差，实际教学需要难以得到充分的满足。此外，受天气的影响，露天的网球场地并不是随时都能使用，如遇雨天、雪天、大风等天气，则不可能在露天的网球场地上顺利进行网球教学，这也在很大程度上影响了高校网球运动的发展及网球文化建设。对此，高校可根据实际条件与需要而建设网球馆，以弥补露天场地的不足。不管是白天还是晚上，不管什么天气，室内网球馆都可以使用，这为网球教学的顺利进行和大学生参与课余网球活动提供了极大的便利。

（二）促进网球课程结构体系的合理化

高校网球教学的开展需要有科学的专业网球教材，网球教师只有在专业教材的基础上进行专业讲解，学生才能更好地了解网球知识，掌握网球技能。在高校网球文化的形成与发展中，开设专业网球课程是一个必不可少的重要条件，且高校网球课程的开展水平直接影响高校网球文化的健康发展。因此，在高校网球课程建设中，要将优化课程结构作为关键性工作重视起来，并对科学合理的具有可行性与可操作性的教学计划进行制订，完善教学内容，合理安排与控制教学进度，完善教学考评体系，最终优化与提供教学效果。

（三）将网球文化课程重视起来

网球运动有深厚的文化底蕴,挖掘网球运动的文化价值,开展网球文化课程教学,有助于推动高校网球文化的建设与繁荣发展。通过网球文化课程教学,大学生能够对网球的文化内涵有真正的了解,并深刻感知这项绅士运动的魅力,进而对这项运动产生兴趣。

网球运动发展至今,既保留了古式网球的文明、礼貌和典雅,又具有现代文明的大众性、开放性和时代性。学生深入了解网球文化,尤其是礼仪文化后,便会不自觉地喜欢上这项运动,并积极参与其中,这有利于高校网球文化的传播与发展,也有助于富有中国特色的网球文化的传承与弘扬。

（四）丰富网球教学手段

培养学生的网球兴趣和传授网球基本技能是现代网球教学中非常重要的两个重点,但这在高校网球教学实践中往往是被忽略的环节。为培养学生学习网球兴趣,教师需在教学方法与手段的选用上下功夫,采用丰富多元的、颇有趣味的、能够吸引学生注意力和调动学生热情的教学手段与方法,如教师可以在网球课上播放经典网球比赛视频,精彩的对抗画面会使学生全神贯注地看视频,激发学生的学习兴趣,从而促进学生自觉学习行为的养成。

学生掌握网球技能的速度、效果与教师采用的教学方法也有直接的关系,行之有效的教学方法在网球技能教学中非常重要。精讲多练是高校网球教师在教学中应该贯彻的一个重要教学原则,教师对本节课要学习的内容进行重点讲解后,留出让学生接触球的时间,培养学生的球感。另外,教师在技术教学初期要注意引导学生形成正确的动作印象,建立正确的动作表象,使其能够对网球技术动作的特征、要领有准确的领会。为了让学生对每项技术的动作结构有更清晰的了解,网球教师要适当运用多媒体教学手段,同时进行辅助性的讲解,主要讲解技术要领和注意事项,使学生对技术动作的记忆更深刻。

现在,国际大型网球比赛中采用的现代科技产品越来越多,如监测发球时速的测速器、检测球落点的鹰眼系统和监控擦边球的检测仪等,运用这些产品有助于促进网球比赛质量的提升,使比赛更公平、公正、更精彩,同时也能激励网球运动员自觉处理好每个球,做到精益求精。在高校网球教学中适当引用这些高科技产品,对培养学生的学习兴趣与提高大学生网球运动员的技术水平具有重要意义,也能使高校网球文化获得更高水平的发展。

（五）培养专业网球教师

网球教师资源少,师资队伍专业水平低是我国高校网球教学中面临的普遍性问题。高水平网球教师与网球教练员在高校网球运动发展和网球文化建设中发挥着举足轻重的作用。高校网球文化传播的主力是教师和学生,教师同时也是传授网球文化知识与网球技能的主要力量。但当前我国缺乏高水平专业网球教师,网球师资队伍的性别、年龄、职称、等级等结构不合理,这对我国高校网球文化建设造成了严重制约。因此,就现阶段而言,加强对高水平网球师资队伍的建设是需要迫切解决的一个重要问题。

第一,高校要重视招聘专业网球教师与教练,并做好职前培训工作,不仅要增加专业网球教师的数量,还要大力提升网球师资队伍的质量,优化师资队伍的结构。

第二,鼓励现有网球教师参加继续教育与专业培训,并为他们提供外出学习与深造的机会,不断提高网球教师的专项业务能力与综合素质,使其在高校网球教学事业中充分发挥自己的优势与作用。

总之,培养高水平网球教师队伍对高校网球文化的建设与发展具有重要意义,要采取科学有效的措施来引进新的教师资源,同时把好质量关。

第二节　高校网球课程思政育人价值分析

一、培养爱国主义情感

在高校网球教学中,可以播放优秀运动员的比赛视频和采访视频,以此来激发学生的爱国情感,培养学生的爱国主义精神。比如,作为我国第一位夺得大满贯的优秀网球运动员,李娜的精神鼓舞着每一位网球爱好者,介绍李娜的生平和辉煌战绩,能够激励学生树立为国争光的伟大志向。

二、培养意志品质和自信心

高校网球教学尤其是户外教学常常受到天气因素的影响,无论是炎热的夏天,还是寒冷的冬天,在户外上网球课对大学生来说都是很大的考验。学生很容易因为天气原因而退缩,再加上网球技术学习起来比较难,训练比较枯燥,使得一些学生总是抱有退缩的心理,总是找各种理由不上课。为了稳定学生的情绪,教师要尽可能活跃课堂氛围,采取有趣的游戏训练法、竞赛训练法来调动学生的学习积极性,忘掉气候的影响,专心投入学习,在亲身体验中磨炼意志,增强自信。当然,不能为了培养学生的意志品质而专门选择在天气恶劣时进行室外网球教学,学生的安全是第一位的,应在确保天气条件不会对学生身体健康造成损害的前提下组织教学,在课堂上要合理安排运动负荷和练习任务,使学生在已有条件下经过坚持练习能够顺利完成任务,达成目标,提升意志力和自信心。

三、培养礼仪意识和行为习惯

作为隔网对抗的竞技球类运动项目,网球运动比赛中的竞争异常激烈,但同时也有一种和谐的礼仪文化与竞技文化并存。网球运动的礼仪文化是建立在网球选手、裁判、观众及其他参与者良好行为素养的基础上形成的,参与者的优良品质与道德素养是其形成良好行为素养的基础。现代社会各领域都存在着频繁而密切的交往,人际关系也因此而变得繁杂,在这样的社会中必须讲究礼仪,重视礼仪,强调礼仪,这样社会个体之间或群体之间才能友好相处,社会交往会更加规范,社会也会因为良好的礼仪而更加和谐美好。网球运动在引导社会行为规范、促进人际关系和谐方面发挥着非常重要的作用,这是由网球运动自身的独特性所决定的。在高校网球教学中,网球礼仪文化也是一个不可忽视的重要教学内容,让学生懂得网球礼仪,并自觉遵守礼仪要求,能够规范与约束学生在网球学练中的言行,网球礼仪对学生的道德品质与遵纪守法意识也会有潜移默化的影响,最终能够促进学生道德素质和人格修养的提升。

四、培养专注力和精益求精的工匠精神

网球技术学习是一个需要长期坚持的过程,学生初学网球技术,难免会不规范、不准确、不连贯,有多余动作,易疲劳。但随着不断的练习,动作会越来越连贯、规范,技术水平会不断提升。这需要一个过程,在这个过程中,教师要不断引导,帮助学生及时调整心态,纠正错误动作,最终形成正确的动作观念,达到运动技能形成过程的最后一个阶段,即自动化阶段。学生在长期的练习中能够养成良好的运动习惯,也能通过不断打磨技术而追求精益求精,塑造工匠精神。

五、培养创新精神和团结协作能力

网球运动的发展史,尤其是网球技术的发展与演进历史,是一个不断探索与创新的过程,网球技术从单一到多元,从传统到现代,从个别到组合,都是在不断改革与创新中实现的。在网球技术教学中,要善于调动学生的好奇心与探索心理,鼓励学生开放思维,积极探索,勇于创新,培养学生的探索意识与创新精神。

在网球教学中,分组教学是一个常见教学组织形式与教学手段,教师要鼓励各组成员相互帮助,相互配合,团结一致,取长补短,提高小组的综合实力。网球双打比赛或团体比赛更需要选手相互配合、团结一致,这对培养学生的团结协作能力、集体荣誉感具有重要意义。此外,教师也要尽可能设计一些需要协作配合才能完成的网球游戏,使学生在欢快的氛围中认识到团结的重要性,主动与队友沟通,协作完成任务。

六、培养诚实守信的精神

中国特色社会主义核心价值观体系中包含诚信这一要素,网球教学不仅要确立知识与技能、运动参与等领域的教学目标,还要确立情感、态度与价值观领域的教学目标,使学生拥有诚实守信的品质和精神就属

于这一领域的教学目标。

网球比赛有一个特殊的地方,就是有时不设当值裁判,由参赛双方自己判定胜负,这种赛制被称为信任制。采用这种赛制比赛时,对运动员的诚信品质无疑是很大的考验,比赛双方不仅要自己诚实守信,还要信任对方,对对手做出的判断要给予信任。那些不遵守信任制的选手往往会有意干扰比赛秩序,或做出一些违背体育道德的行为,这样的选手必将受到相应的处罚。在网球教学中,尤其是采用比赛教学法时,教师也可以采取信任制组织比赛,培养学生的自觉自律意识,塑造学生的诚信品质,这对弘扬社会主义核心价值观也是非常有意义的。

第三节　高校网球课程思政建设的思考

一、强化网球课程思政的实践应用

学生的思想动态和行为导向是网球课程思政的结果产出,也是网球课程思政教学调整的目标。学生是网球课程教学的主体,依据素质教育和课程思政理念的要求,坚持以学生为中心,满足学生的学习需求是实现网球课程思政的前提。当前高校网球思政教学中,学生的行为与事前思想意识调查言行不一,思政需求的表明不主动,教师对网球课程思政内容和方式的调整不及时,因而制约了网球课程思政建设进程和教学效果。对此,应从以下几方面进行改革,强化网球课程思政的实践应用。

第一,在网球课的课前、课中和课后摸清学生的思政需求,及时引导学生表达对网球课的需求,为学生提供多元化的思政教育途径。当前,高校不够重视对学生思政需求的收集、整理,难以充分体现学生的主体地位、把握学生发展的动向。因此,高校应坚持以生为本,加强对学生思政教育需求的调查,清楚学生主体需求的表达。

第二,不断挖掘、总结网球课程中有关家国理想、教育素养和个人发展的思政元素,建立网球课程思政案例库,提供参考和借鉴。

第三,强化课程思政在网球教学中的实践应用,教师发挥主导作用,在润物细无声中提升学生的综合素质。

二、科学设计网球课程思政教学过程

（一）分组教学

现行高校网球教学中，由于体育班人数较多，加之学生性格不同，很难做到每个同学都有机会表达自己的观点和学习诉求。分组教学可以将班级化整为零，每个同学都有机会表达自己的意见。通过小组教学，可以最大限度地听取学生的意见，将意见分类汇总，达到教学效果的最优化。采用分组教学方法时，一些简单的问题可以在小组内解决，小组内学习能力较强的同学帮助落后的成员，这样可以减少教师的重复工作，提高教师的工作效率，也能培养学生相互沟通交流的能力。

此外，小组的成员作为镜面可以相互纠正技术动作，同时强化对技术动作的理解，提高学习效果。小组活动有利于提高学生的积极性，相互监督，相互督促，将小组作为考评单位，共同进步。同时，组织以小组为单位的教学比赛可以促进小组团结奋斗，培养学生的团体荣誉感、集体主义精神。小组教学可以放大思政教学效果，通过学生的相互作用，强化课程思政教育观念，起到双向的作用。通过小组内的榜样教育也能提升思政教育效果。

（二）思政课程浸入

随着"互联网+"的快速发展，很多基于互联网和移动终端的教学方法和手段的实施成为可能，体育课的课前预习和课后复习尤其受益。在高校网球教学中，利用互联网平台和资源让学生进行课前预习和课后复习，可以使学生更加快速地掌握网球技术动作，通过课中的强化训练，能够达到较好的教学效果，使学生尽快掌握技术，享受快乐，为终身体育打下技能基础。在播放网球技术教学视频时，应配合思政教育视频，渗透思政教育，提升网球思政教学效果。

在高校网球课程思政实施中，思政教育是融入网球课程中的，它不是孤立的,会与网球课程联系起来,形成一个统一的整体围绕在学生的学习和生活中,思政教育成果会随着网球教学的推进而逐渐显现。课后,通过教学总结,提出疑问,结合课程思政进行提问和解答,能够有效巩固技术教学效果和思政教学效果。

三、规范网球课程思政教学的考核评价

网球课程思政教学效果的呈现需要采取考核与评价的方式来实现,这就需要加强对网球课程思政教学考评方式的创新。创新网球课评价方式并不是完全否定现行技能测评,只是在此基础上将课程思政的理念和内容纳入学生网球学习评价中。课程评价并不仅仅只是为完成课程教学任务、实现课程教学目标服务,其还是学生在特定情境下的主体体验,为学生提供正确、全面认识自己的途径,同时还是激励学生主动学习的方式。

在网球课程思政教学考评中要采用多元评价方式,尤其要注重学习过程中的形成性考核,灵活运用理论笔试、网球事件影响非标准回答、网球技战术情景比赛、网球比赛裁判实操、网球技术选段教学实践等考核方式,对学生的学习态度、课堂纪律、社会主义核心价值观践行情况等进行考察,通过考评促进学生主动学习,引导学生树立正确的价值观,形成良好的行为规范。

四、加强网球教师思政意识和思政能力的培养

更新网球教师队伍的思政教育观念,提升网球教师思政教育能力是加强网球课程思政教育的关键。学生通过网球课程思政教学是否拥有坚定的理想信念、正确的价值观以及浓厚的家国情怀等,取决于教师是否具有良好的思政教育能力。当下,很多网球教师在"教书"上颇有心得,经验丰富。但在"育人"方面,尤其是为社会培养具有远大理想信念和坚定爱国情怀的新时代社会主义建设者和接班人时难以把握方向和重点。若网球教师不能及时更新思政教育理念,认识到"教书""育人"同行的重要性,就很难实现网球课课程思政的目标。此外,网球教师树立课程思政教育理念后,还要具有思政教育能力,从而在网球课堂教学中加强思政教育,润物无声地把学生培养成为国家和时代所需的人才。

因此,在建设"教书""育人"同行的师资队伍时,要从以下几方面努力。

第一,培养网球教师的良好课程思政意识和课程思政教育能力,培养"立德树人"的使命意识,增强教书育人的责任感。

第二,更新课程思政培训体系,围绕"师德师风""课程思政"等主题进行培训、交流,通过岗前培训、专题讲座、研讨交流、课程观摩、集体备课、教学设计等方式使网球教师的思政教育能力获得沉浸式提升。

第三,打破专业壁垒,促进网球教师与思政教师的交流,有机融合网球教学过程与思政元素,促进显性教育与隐性教育同向同行。

第八章

高校武术课程教学改革与课程思政建设

　　武术是中华民族传统体育文化的精华,是我国的国粹。高校开设武术课程,不仅能够对民族传统体育文化进行弘扬与传承,而且能够充分发挥武术的育人功能,拓展高校体育的育人路径。随着高校体育教育理念的不断改革与更新,武术课程作为高校体育课程的重要组成部分,其改革与创新得到重视,尤其是在课程思政理念普及之后,武术的思政育人功能也被深入挖掘与充分利用,在课程思政背景下进行武术课程建设与教学改革已成为高校武术教育工作者的主要努力方向。本章主要对高校武术课程教学改革与武术课程思政建设进行研究,主要内容包括高校武术课程教学现状与改革策略、中国武术的教育传承路径、高校武术课程思政元素分析以及高校武术课程思政建设的思考。

第一节　高校武术课程教学现状与改革策略

一、高校武术课程教学现状分析

（一）武术课程边缘化

西方体育文化的主流和典型代表是奥林匹克竞技体育文化,对中华民族传统体育文化造成了一定的冲击,武术文化也因此受到冲击。包括武术在内的传统体育文化被忽视,因此高校武术教学也没有受到很高的重视,高校武术课程有被边缘化的倾向。要对这个问题进行根本上的解决,实现对民族传统文化的文化自觉是第一任务。

（二）教学内容单一

开设武术课程的高校,尤其是高等体育院校的民族传统体育专业,在武术课程教学内容方面主要设置了武术套路、武术散打、太极拳等项目,个别体育院校有自己的特色课程。这些内容虽然对培养民族传统体育人才、传承武术文化起到了重要的作用,但相对于丰富多彩的武术项目来说,这些教学内容还是显得比较单一,一定程度上使学生的视野受到限制。对此,高校应从自身办学条件、地域特征、学生兴趣爱好等实际情况出发而适当增设武术项目,拓宽学生的视野,使学生掌握更多的武术知识和技能,以便更好地传承中国武术文化。

武术项目非常多,但高校目前开展的武术项目只是冰山一角,不够丰富,拓展高校武术教学内容非常重要且必要。高校尤其要立足民族传统体育专业的发展方向而对武术课程内容进行拓展、更新与完善,从中国武术的项目宝库中提取较为成熟的、学生喜闻乐见的优秀项目补充到专业课程体系中,以更好地实现专业教学目标和人才培养目标。

（三）教学方法与模式比较落后

高校武术教学中采用的教学方法上存在以传统教法为主，教学方法陈旧、单一，忽视学生的主体性等问题，从而制约了武术教学效果的提升，也影响了武术文化的传承。当前，高校武术教学方法的改革与创新势在必行，在改革中要根据教学需要设计一些具有创新性的教学方法，以调动学生的学习兴趣，活跃课堂氛围，提高教学效率。

二、高校武术课程教学改革策略

（一）以文化自觉引领武术教学的改革

在高校武术教学中要确立文化导向性原则，以中国武术独特的文化价值培养人、教育人，增强学生的民族自豪感，以文化自觉引领武术教学改革，在教学中树立文化自信，推陈出新，对传统文化批判地继承，取其精华，同现代元素、外国文化元素适当结合，使中国武术打破藩篱，实现更广泛的传播与推广。

（二）丰富教学内容

当前，我国高校武术教学内容比较单一，而且武术套路教学内容难度较大，缺乏理论方面的教学内容，这严重影响了学生的学习兴趣，也制约了武术教学效果。对此，必须尽快改革武术教学内容，优化教学内容的设置，加强教学内容创新，解决实际问题，从学生的兴趣爱好、学习基础出发来加工与改造教学资源，从而培养与提升学生的学习兴趣，激发学习动力。从我国高校武术教学内容的现状出发，重点应从以下几方面来进行改革与创新。

1. 精简武术套路

武术套路是高校武术教学的主要内容之一，复杂的动作路线、较多的动作变化以及一些重复动作使得学生对武术套路动作的学习兴趣低下。虽然这是武术套路本身所具有的特点，但在具体教学中可以灵活调整,适当精简,使之适应学生的特点,这样才能调动学生学习的兴趣。在精简武术套路时,要保留代表性、观赏性和表现性强的动作,适当降低动作难度或标准,学生容易学习,这样对课堂教学效率的提高也有积极意义。

在武术套路的精简处理中,如果操作不当,可能会对武术套路的结构造成影响,并使武术套路文化的传承受到限制,对此,建议精简套路的方法主要面向初学者采用,主要是为了培养初学者的学习兴趣,便于初学者理解和记忆,当初学者经过简化学习,对武术的技击内涵与动作要领有所掌握后,就要逐渐过渡到常规套路教学中,使其学习完整的武术套路。

2. 增加武术理论教学内容

高校武术教学存在重实践、轻理论的现象,从而影响了学生对中国武术文化内涵的理解和学校武术传承。针对这一问题,必须尽快设置武术理论教学内容,从而丰富武术教学内容,并用理论知识去指导实践。在武术理论教学中,不仅要讲解武术教学大纲规定的基本教学内容,还要补充一些相关内容,如武术健身理论知识、武术文化知识、武术学练的医务监督知识等,并与武术实践教学相结合,使学生所学理论知识在实践中发挥指导作用,学以致用,以加深对理论知识的理解与巩固,提高学习效果,同时在武术理论的指导下也能保证学生武术练习的科学性和有效性。

3. 设置对抗性武术项目

武术运动的内容纷繁复杂,高校开设的武术课程却很少,虽然从学校的教学条件来看,设置太多的武术课程是不现实的,但可以在现有课程的基础上适当增加一些新的项目。当前,开设对抗类武术课程的高校比较少,但这类武术运动往往是学生比较感兴趣的,所以说,设置对抗性武术项目是培养学生武术兴趣的良好方法。

技击性很强的对抗类武术项目高度提炼了武术技术与方法,又融合了格斗经验,是中国武术的精华部分,它与武术套路在表现形式上有很大的区别,它们都是武术体系中不可缺少的部分,二者相辅相成,相互作用与促进。在学校开设对抗性武术运动,如散打、拳击、推手、擒拿格斗等,对丰富教学内容,培养学生兴趣,提高学生的健康体质与防身自卫能力具有重要意义。

（三）创新武术教学方法

1. 情境诱导教学法

在武术课堂教学中，武术教师可以创建和谐的、活泼有趣的教学情境来调动学生的学习热情，这便是情境诱导教学法。比如，在太极拳教学中，教师用语言描述这样一个场景：清晨，春风吹拂着杨柳，公园里绿草如茵，太极拳音乐伴奏随风流动，穿着太极服的人们整齐地练习着太极拳，动静相宜、刚柔并济，极具观赏性。学生边听边想象，不觉地被这样的情境吸引，并产生学习太极拳的兴趣。

情境诱导教学法可以使学生先对武术教学内容产生兴趣，然后形成学习与参与的动机，进而主动学习，在学习中发挥能动性，与同学、教师积极互动、交流，表现出好学、乐学的一面。和传统的武术教学方法相比，情境诱导教学法能够使学生对武术教学的心理接受度得到提升，使学生带着兴趣去学、去练，并将此发展为一种好的习惯。

2. 团体探究教学法

团体探究教学法是指，武术教师先对学生进行分组，也就是分成不同的小团体，然后以小团体为单位进行探究学习的教学方法。分组的依据主要是学生的武术基本功、学习能力等。分组后，教师先讲授武术基本理论知识，然后留出时间让各小团体进行关于武术学习目标、动作攻防意识的讨论，团体内部的学生相互学习，相互促进，然后教师再示范动作，并以小组为单位练习，在课堂结尾让各小团体的学生展示，或者组织课堂比赛，以激发学生的斗志与练习积极性。

（四）灵活运用"线上＋线下"混合教学模式

武术课程教学中经常采用的教学方式是线下教学，依托互联网技术而进行直播教学或录播教学的方式就是线上教学。线上教学打破了时空的限制，随着互联网技术的发展而越来越普及，已经成为现代教育中非常重要的教学方式之一。线上教学和线下教学的结合可以达到互补的功效,从而促进武术课程教学效果的提升。

线上教学中运用较多的主要是微课教学,将微课教学引入高校武术教学中具有重要意义。武术专业教师设计好微课视频后在网络学习平台发布视频,学生通过翻转课堂的方式自主学习,逐渐了解中国武术,理解并掌握武术知识,建立正确的运动表象。学生在课前反复观看教学视频后,总结自己学到了什么,还存在哪些疑惑,从而在课堂教学中有针对性地与同学或教师沟通、交流,重点解决自己的学习难题。课后学生依然需要反复观看微课教学视频,以实现知识的内化,巩固学习成果,延长记忆,并养成良好的课后复习的习惯,以增加学习收获。

（五）培育优秀的武术师资队伍

高校武术教学的发展离不开优秀的专业武术师资队伍,这是非常重要的保障性因素。武术授课教师的专业素养直接决定武术课程教学的质量。如果授课教师并没有深入掌握武术文化知识,对中华武术的了解不够系统、全面,则很难做好教学工作,也难以培养出优秀的武术人才。对此,要特别重视对优秀武术师资队伍的专门培养和培训,努力培养一支专业性强、综合素质高的专门化、职业化教师队伍,使其在高校武术文化建设中充分发挥自身专业优势和影响力,不断健全与完善高校武术教学体系。

在优秀教师队伍培养方面,可以将现代化信息手段充分利用起来,结合时代背景和社会需求去培养新时代的优秀教师人才,使专业武术教师既有深厚的文化底蕴,又有丰富的专业知识和高超的专业技能,同时要具备一定的双语教学能力,以促进武术文化的国际化传播。创新能力也是武术专业教师必不可少的素质,只有创新意识强、创新素养高的教师才能不断创造新的教学方法来丰富武术教学内容与方法,提高高校武术课程教学质量。

（六）"一校一拳"视域下加强武术教学改革

1.一校一拳的内涵

近年来,我国开展了"武术进课堂"活动,并积极推进这项活动在全国各地的开展,旨在增进青少年体质健康,弘扬传统武术文化,增强民族文化自觉与自信心,这也体现了武术教育的传承价值与现代意义。为促进这项活动的广泛开展,2013 年 9 月,上海体育学院牵头,26 所高校组成了对带动武术教学改革起到关键作用的组织——全国学校体育联盟(武术项目),该组织提出了武术教育改革的新思路,即著名的"一校一拳"武术教育思想——"一校一拳,打练并进;术道融合,德艺兼修"。①

"一校一拳"指的是学校在武术教学中集中进行一种拳法的传授,或地方学校根据本地传统武术拳法开发武术校本课程,弘扬特色武术文化。传承武术文化,必然少不了对各种武术拳种的传承,不同的武术拳种在漫长的发展历史中形成了自己独特的文化内涵和技击体系。践行"一校一拳"的武术教育思想,要以武术拳种为载体,在拳种教学中弘扬中国武术文化和民族传统文化。

2."一校一拳"武术教育思想下高校武术教学改革策略

"一校一拳"武术教育思想为高校武术教学改革提供了指导,具体要从以下几方面来落实改革工作。

(1)加大武术宣传力度

高校武术教学的开展需要一个良好的校园武术氛围,因此要加大校园武术宣传力度,创造良好的武术环境氛围,形成校园武术特色,具体可以在体育节策划、大课间活动组织中加入武术相关内容,或者将武术体验活动融入夏令营、冬令营中,促进武术在高校的广泛普及。

(2)建立武术教育推进机制

学生的发展是有规律的,阶段性是规律表现之一,高校武术教学设计要符合大学生的成长规律和身心特点,要针对不同年级的学生进行不同的设计,以循序渐进地提升学生的武术文化素养和学习效果。

(3)注重武术考试

当前,武术进校园活动的推进速度比较慢,武术教育的成果也与预期有一定的差距。基于这一现实,教育部门要从考试改革着手来吸引各级各类学校对武术教学的重视,包括高校对武术教学的重视、高校应通过制定相关制度,规定学校期末考试或升学考试要进行武术考核,考核

---

① 王若楠,吴攀文,柳亚奇,等."一校一拳"视域下我国中小学武术教学改革探析 [J].长春师范大学学报,2017,36(12):93-96.

指标与内容可由各校根据实际情况自己设置,但不能流于形式,要有实质举动。

第二节 中国武术的教育传承路径

在中国传统教育中,武术是一个不可或缺的重要组成部分。武术具有重要的教育功能,能够促进个体德智体美全面发展。作为中华民族传统文化优秀代表的中国武术,还具有培养青少年民族自尊心、自信心以及民族精神的重要教育功能,要将中国武术发扬光大,就必须以本土传承为立足点,然后逐步实现对外开放与国际传播。在中国武术的本土传承中,学校是必不可少的"主战场",利用学校的教育资源,依托学校的教育环境,推动武术的本土传承及其拓展,使武术的教育价值充分发挥出来,这无论是对武术自身发展,还是对学生的发展,都具有重要的促进作用。

一、教育对中国武术传承的意义

(一)教育是中国武术传承的"基石"

在中国武术传承中,教育是"基石",这是毋庸置疑的。教育在促进武术传承方面的作用是其他传承方式不可替代的。武术文化的延续、创新都离不开教育,武术的发展与演变历史中,教育作为不可缺少的条件与环节从未缺席过。只有通过教育才能使武术文化得以延续。概括而言,武术文化的延续主要有以下两种方式。

第一,运用各种符号(如语言、文字)加以记录和实物保存,利用这种方式来传承武术文化,主要是通过借助物质载体来将武术文化成果客观化和外在化。例如,武术的兵器、书籍、拳种技术等就属于以这种方式延续下来的。

第二，以个体的行为方式加以延续与传承。这种文化延续方式需要更多人的参与才能发挥作用。比如，武德、武术文化内涵以及武者的精神品质等都需要人类通过自身行为方式来传承，也就是说，习武人的行为方式、思维方式能够反映出武德、武术精神和武术内涵。习武人能达到这样的境界，与教育有很大的关系。

中国武术的延续离不开教育，同样，中国武术的更新与创新也离不开教育。如果没有人去学习武术文化，不在实践中运用武术文化，那么武术的再造能力和创新发展能力就无法提升。中国武术博大精深，但它也有一些消极落后的文化因素，这就需要通过教育去教人们辨别精华与糟粕，引导人们正确认识武术文化，形成科学的武术观。在武术文化教育中，也要根据现代社会的需要对武术传承模式、体制等进行更新与完善，并不断树立科学的、适应时代需求的武术教育观，从而在保留武术精髓、继承武术文化遗产的同时，推动武术向新时代跨越，形成既具有传统文化特征、又具有时代特征的武术文化体系，这是个文化强国建设赋予武术教育的重要使命。

今天，全民健身运动在全国范围内广泛开展，学校体育在全民健身发展中发挥着重要作用，而武术又是学校体育的重要组成部分之一，借助全民健身的东风，学校武术教育的发展也逐渐受到重视，其在传承武术文化方面的作用将得到进一步的发挥。

（二）学校是中国武术传承的"主战场"

学校是传播知识、创造知识的重要场所，教师是教书育人的主体，肩负传播文化知识的重任。武术教师的职责不仅是传授武术知识与技能，还包括对中国武术文化的弘扬与传播。学生通过文化学习，不断积累知识，认知水平不断提升，也有利于他们更好地理解武术文化，进而传承武术文化。学校是中国武术传承的主阵地，学校教育是武术传播与弘扬的有效途径。文化教育在历代一直很受重视，与此同时培育学生的身体素质与运动素质在一定程度上也是受重视的。武术是具有中华民族文化特色的一种特殊的身体形式，它既能使人强身健体，又能培养人的道德、智力和审美素养，促进人全面发展。可见，武术在塑造个性、促进全面发展等方面具有重要意义，它的社会文化教育功能是其他身体文化形式不可替代的。

将学校作为传承武术文化、重塑武术形象的"主战场",是武术文化本土传承的要求。传承中国武术,使其弘扬海内外,要从青少年抓起,青少年的成长离不开学校教育,因而对青少年武术素养的培育也要以学校教育为手段。我国青少年儿童是一个庞大的群体,在各级各类学校中,面向这一庞大的群体广泛传承中国武术,能够提升武术传播的效率和传承的质量。这充分说明学校在武术传承方面所具有的优势是非常明显的,因此必须坚定不移地将学校作为武术本土传承的"主战场"。

二、中国武术教育传承的迫切性

(一)传承与传播民族传统体育文化的需要

我国是多民族国家,发展历史悠久,在漫长的历史中人类创造了丰富而灿烂的优秀传统文化,文化传承的历史已有五千年,其中民族传统体育文化作为传统文化的重要组成部分而传承至今,彰显出顽强的生命力。在继续发展经济的同时也重视文化的发展,依托强大的经济基础而唤醒民众的民族传统文化保护意识,提高人们传承与保护民族传统体育文化的意识。在文化全球化、非遗保护等视域下探讨民族传统体育文化的传承与发展问题十分重要且必要。

(二)学生全面发展的需要

青少年学生的民族的希望,是社会主义建设的不可缺少的后备人才资源。学生能否全面发展,对中国特色社会主义现代化建设能否顺利进行有直接的影响。中华民族能否继续崛起,艰巨的历史任务能否顺利完成,我国在世界上的国际竞争力能否不断提升,很大程度上都受到青少年一代能否全面发展的影响。所以说,促进学生全面发展意义重大。

武术根植于中华民族传统文化的土壤中,是先辈们智慧的结晶,是人类文明发展的成果。时至今日,武术经历了漫长的发展历史,形成了独特的健身功能、教育功能、竞技功能和军事功能,并具有重要的当代社会价值,这为武术教育的发展提供了优势。开展武术教育,在学校传承武术文化,有助于青少年学生思想道德水平的提升、身体素质的增强和美学素养的发展,也有助于培养青少年坚强的意志品质和积极进取的精神。武术教育传承中,充分挖掘武术的健康价值、德育价值、美育价值和智育价值,从而促进学生德智体美全面发展,提升学生的综合素质,这对传承武术文化和促进学生成长成才都具有重要的现实意义,可谓一举两得。

(三)完善武术教育的需要

武术在漫长的历史进程中,与多种文化互动、交融,形成了集众多文化内涵于一体的武术文化体系,武术技术是武术文化的外在表现。我们之所以将武术称为中国武术,看重的就是其外在技术之外的丰富文化内涵。

武术教育的锻炼属性是表层的,文化属性和教育属性是深层的,武术教育实践中往往强调表层而忽视深层,外层的技术教学撑起了武术教育的整个内容体系,导致武术教育徒有外在的空架子,而缺少了核心的东西。在弘扬民族文化、建设文化强国的时代背景下,完善武术教育势在必行,以武术教育传承武术文化,能够弥补武术教育中缺失的内核,挖掘武术表层技能背后的文化内涵,使武术文化教育在武术教育中占据重要位置。

(四)竞技武术在武术教育中的绝对地位

随着竞技武术的高度发展,现代武术套路对高、难、新、美有突出的强调,在武术套路被一改再改后,其原有的技击有效性特征已经很不明显了。虽然武术运动的现代化程度越来越高,但这一发展趋势并不是那么被人认可,什么是"武"?为什么要"武"?随着武术的现代化发展,人们已经不知道该如何回答这两个问题了。

竞技武术成为武术教育中的一枝独秀,并非偶然的,这不管是从武术自身的发展变化方面,还是从教育方面,都能看出端倪。20 世纪 80年代,武术的竞技化发展趋势就很明显了。同样,如果仅仅将竞技武术作为武术教育的主要内容,那么通过武术教育传承武术文化的目的必定难以实现。

（五）教育中武术文化核心层面的忽视导致认识的偏差

武术套路在学校武术教育中是最主要的一部分内容,这部分教学内容存在的一个主要问题就是过于单一。教师演练武术套路,并配合讲解,学生模仿教师的演练,这样学生很难对武术的技击性形成准确的认识。同时,外来武技因简单、易学而吸引了很多学生,学生在对传统武术和外来武技进行对比后,纷纷弃传统武术而去,选择习练外来武技,这样传承武术文化也只能成为"空中楼阁"。

很多学校在开展武术教育活动的过程中,都忽视了武术文化是武术最具内涵的内容,武术文化是在我国传统文化氛围中形成与发展的,其与中国伦理学、传统哲学、医学、美学、兵法等传统文化有着千丝万缕的联系。在各校的武术教育中,武术文化的教育几乎没有得到任何的重视。再加上教材的缺乏和武术教师水平的有限,学生始终难以悟到武技背后的文化内涵。武术文化教育的缺失使得学校很难通过武术教育传承武术文化。

（六）多元化文化选择的现实削减了习武人数

有关学者认为,一种文化的兴衰一定程度上取决于拥有这种文化的人数。但是,由于文化的多元化发展,我国习武人数在逐渐减少,这也是我国武术文化传承中遇到的一个非常严峻的问题,习武人数的减少意味着文化传承主体的减少,这必将导致武术文化走向流失与衰落的境遇。

一些西方体育运动在引入我国各类学校后,受到了学生的普遍欢迎与喜爱,但传统武术却无人问津,因此学校中的武术人口在逐渐减少,未来武术的群众基础也难以保证。

（七）师资能力难以满足学校武术传承的需要

学校是武术赖以生存、传承、发展、创新及与时俱进的重要基地,学校中承担传递武术文化与武术技能这一职责的主要是具备一定素质与能力的专业武术教师。如今,我国学校武术教育中,能够承担这一职责的武术教师较少,这对武术文化传承的顺利进行造成了严重的制约。面对这一问题,我们要重点研究武术教师的来源。

目前,全国体育类高校和各高校体育学院内的体育教育专业武术专修学生与民族传统体育专业学生是我国学校武术教师的主要来源。体育教育专业武术专选学生通过高考普招和体育加试考入高校,这类学生文化基础较好,但缺乏武术基础,很多学生之前并未参加过系统的武术训练。因此,在专项学习课时有限的情况下,学生很难将规定的教学任务顺利完成。同时,受课时的限制,学校为理论课安排的时间较少,虽然学生的文化接受能力良好,但缺少学习的时间,还是很难保障正常的理论知识学习。面对种种因素的影响,体育教育专选学生要想对武术专项理论知识和技术动作进行全面且深入的掌握有一定的难度。

民族传统体育专业学生在参加独立的文化课考试和严格的专业技能考试后考入高校。这类学生参与武术训练的时间比较早,而且接受的武术训练较为系统、专业,因此专业技术能力较强,但因为现行武校多注重对学生技能的培养,不注重文化课教育,所以这些学生虽然武术技能水平良好,但文化水平却远远比不上非体育专业的学生。可见,这一专业的招生模式存在着严重的重技术、轻文化的问题,这一问题直接导致了这类学生文化知识的欠缺。同时,民族传统体育专业在课程设置、教育方式上也存在不足,如课程设置较窄,人文氛围缺乏等,这样培养出来的学生虽然有较强的专业性,但缺乏灵活性,知识掌握得少,文化水平极其有限。这样的学生将来在步入武术教师的岗位之后,很难胜任工作。

通过上述分析可知,我国在培养武术教师方面存在着严重的不足,这就导致现有的武术教师或者是理论知识丰富,但缺乏技能,或者是技能水平高,但缺乏文化素养。在武术教育中,武术教师的理论知识和武术技能都很重要,缺乏其中任何一方面,都会影响武术文化在武术教育中的顺利传承。

三、影响中国武术教育传承的教育因素

（一）教育者

教师承担着直接教育人的责任,学生的成长会深受其言行的影响。教师的知识水平直接影响着学生的专业知识水平。因此,教师要自觉树

立教书育人，为人师表的思想，以身作则，积极影响学生。武术教育与西方式体育教育和文化课的教育都不同，这正是其特殊之处。武术是一项民族特色鲜明的传统体育项目，其承载着优秀的民族传统文化，通过武术教育，不但可以增强学生的体质与武术技能，而且能够培养学生的道德品质与文化修养。这种"文武共体"式教育要求武术教师既要具有良好的技能教授能力，又要具有高水平的文化传播能力，而这前提是其本身具备一定的传统文化素养和技能水平。武术教育的成功与否直接受武术教师是否具备这样的专业素养的影响。

武术教育不仅要完成武术技能传授的任务，而且要完成武术文化传承的任务，文化传承是融于武术技能教学中的文化行为。武术教师作为武术技能和武术文化的传播者，能否深刻理解技能深层的文化内涵，能否准确把握武术文化内涵，能否使学生理解与接受自己传播的内容，直接决定了武术文化在武术教育中能否得到有效的传承。

（二）受教育者

武术教育中，学生是主体，其接受教师传播的知识，并对所学知识进行进一步的传播。学生对武术文化的认可与接受有利于促进武术文化要在教育中的有效传承，并有利于推动武术文化的持续传承。

（三）教育内容与手段

教育影响主要指的是学校教育的内容和手段，这是连接教育者和受教育者的中介，是促成教育者和受教育者相互联系的桥梁。

要想在武术教育中传承武术文化，就需要武术教师借助各种形式与条件向学生传授适当的文化内容，并尽可能地使学生能够接受与理解自己传授的内容。在我国的武术教育中，教育内容单一的问题十分明显。目前，我国武术教育中以竞技武术技术为主要教学内容，并强调对套路运动的传授，对武术整体技术体系的展示没有予以相应的重视，这样武术的内涵与本质特征在武术教育中很难展示出来。同时，武术教学过程中，理论、技术与文化的教授比重有很大的差距，一般一堂武术课中以技术内容的传授为主，武术理论与文化内容由学生自学，这样分配教学内容，很难在武术教育中使武术文化得到有效传承。

武术教育中所采用的教学模式依然是传统的教师教、学生学的单一模式，教师在整个教学过程中都是居于主体地位，学生在接受内容的过程中显得较为被动，而且没有将自己的主动性与探索意识发挥出来，长时间采用这一模式进行教学，学生难免会有厌学情绪，而且也容易对武术课程产生排斥心理。武术教师在运用教学方法的过程中，多以讲解、领做与口令、示范、纠正错误、练习等方法为主，从教师选用的教学方法就可以看出，教师教给学生的大都是武术技能，而没有将武术理论与文化的教学安排在自己的教学计划中。因此，学校必须充分重视武术理论与文化教育的重要性，必须使武术教师在这方面内容的教学中发挥创造性思维，结合实际对新的教学方法进行探索，实现武术文化的持续传承。

五、中国武术教育传承的发展路径

（一）通过政策支持提升武术教育的地位

国家的重视与政策的扶持是发展武术与传承文化的重要依靠，在教育中传承武术，就要明确武术在教育中的位置，提升武术教育的地位。《中小学开展弘扬和培育民族精神教育实施纲要》中明确指出，将武术等内容适当地加入体育课中，通过武术教育来弘扬和培育民族精神。当前，全球各国之间的竞争不仅是经济的竞争，也是文化的竞争，在这一环境下，我国要对武术的文化传承价值与教育价值有一个充分的认识。武术与民族传统文化之间存在着千丝万缕的联系，其是中华民族文化的一个重要组成部分。武术教育作为武术文化的一个表现形式，在传承整个民族文化的过程中发挥着非常重要的影响，所以说武术教育是一个非常有价值的文化传承平台，我们要充分利用这一平台来将我国的传统武术文化传承下去。

（二）对武术文化传承内容加以明确

要通过教育的途径传承武术文化，我们需要明确传统武术文化传承内容。

1.明确总体的武术文化传承内容

作为中华民族的历史宝贵文化遗产和中华民族传统文化的独特表现形式,武术文化是在长期的社会实践中不断形成和发展起来的。武术文化的发展对于传承中国传统文化和推动中国文化的繁荣发展具有积极的作用。武术文化与我国传统哲学、伦理、军事、艺术、医学等文化都具有十分密切的关系,这些文化都是我国绚丽多姿的文化整体的组成部分。可以说,整个民族文化的基本特征能够通过武术文化侧面反映出来。武术文化是在中国文化这块肥沃的土壤中发展起来的,经历几千年的不断分裂与融合以及长期的历史积淀,成了博大精深的优秀民族文化,我们难以想象其包含多么繁多且复杂的内容。对此,我们要清楚地认识到,在学校开展武术课程教学期间,要使学生通过武术学习对武术文化中的哪些内容进行传承,如何传承,明确这些问题十分关键。

武术文化内容繁多,但并非流传至今的内容都是与当今社会需要相符的,与学生教育需要相符的。因此,要通过教育的途径传承武术文化,要将武术的文化传承价值作用充分发挥出来,就必须在继承武术文化的过程中,挖掘与整理武术文化内容,对与社会发展需要相符的精华部分进行提炼,对发展相对陈旧的文化内容进行删除或改造,并对文化课的教学方式加以借鉴,以弘扬与传承民族文化,促进青少年身心健康发展为指导思想,对武术文化教学专用教材进行科学编撰,避免"巧妇难为无米之炊""眉毛胡子一把抓"等不良局面出现。此外,武术文化内涵丰富,囊括了丰富的内容,学生如果只了解基本的内容是远远不够的,学生必须全面掌握武术文化的内容,这样才能更深入地理解武术的精髓,也才能更好地对武术文化进行传承。

2.明确教育不同阶段的文化传承内容

教育具有层次性和渐进性。在学校开展武术文化教育的过程中,要针对不同年龄阶段的学生进行有针对性的教育,否则盲目的教学只会使学生学习与探索武术文化的兴趣丧失。

(三)加强宣传,促进习武人数的增加

在武术文化的传承体系中,传承者居于重要的地位,是实现文化传

承目标的基础与前提,因此必须提高武术在大众中的影响力,巩固群众基础。不管是在现在,还是未来,学生都是重要的武术参与群体,承担着传承武术文化的重任。因此,要通过武术教育来最大限度地吸引学生参与武术运动,从而为武术的广泛传承奠定扎实的基础。

在学校武术教育中,将武术的优势充分发挥出来是提高武术对学生的吸引力的主要途径,也是提高学生学习兴趣的重要措施。在武术课程项目教学过程中,学校可以组织武术表演活动,从而吸引学生的关注;可以对武术社团进行组建,以使武术爱好者聚集在此,共同学习与进步;可以对校园武术竞赛定期加以举办,促进学生习练武术的动力的不断增强。

总之,学校要通过组织各种形式的武术活动来加强对武术的宣传,从而对广大学生产生吸引力,使学生能够积极参与其中,从而为武术的传承与发展做出自己的贡献。

(四)注重培养专业武术教师

武术教育中,武术知识与学生之间需要武术教师来连接,教师是传播武术知识的直接执行者,也是引导学生学习武术的主要教授者,其对传承武术文化具有重要的影响。武术并非一项单纯的身体运动,其博大精深,蕴含着丰富的文化内涵与哲学知识。因此,并非有一定武术基础的人就可以从事武术教师这一职业,要想胜任这一工作,就必须系统地接受专业的培养。因此,在以武术教育途径传承武术文化的过程中,专业武术教师发挥着关键的支撑作用。

评价一名武术教师是否合格,不仅要看其是否具有高水平的武术技能,还要看其是否掌握了武术技能背后的文化内涵。同时,还要看其是否能够有机地将武术技能与其中的文化哲理结合起来。因此,在培养武术教师的过程中,不仅要对其武术技能进行培养,还要使其掌握丰富的武术文化,不可只偏重技能而不注重文化方面的培养。对教师武术技能与文化的培养有助于促进教师文化教学能力与技能教学能力的提高。如果一名武术教师掌握了高超的武术技能,但文化知识缺乏,没有深入理解武术文化的深层次内涵,那么其技能教学能力相对较高,文化教学能力较弱。反之,如果武术教师掌握并理解了丰富的武术文化内涵,却不具备高超的武术技能水平,那么其只有文化教学能力而没有技术教学能力。但是,从当前来看,很多学校都只重视从武术技能方面培养武术教师,武术文化知识的培养被忽略了。

要全面培育合格的武术教师,需要从以下两个方面来进行努力。

1. 对准武术教师的培养

武术馆校较为优秀的武术运动员;各师范院校、体育院校的体育教育专业武术专项;民族传统体育专业武术专项等群体都是准武术教师。对不同的群体要进行不同的培养。

师范院校、体育院校的体育教育专业的武术专项群体武术技能水平不高,只了解一些比较浅薄的武术知识,虽然是师范专业,但在学校武术教学中并不一定能够开展高质量的教学活动。针对这类群体,要着重培养他们的武术技能,多安排时间使他们学练武术技能,逐步促进其武术技能的提高。

民族传统体育专业武术专项和武术馆校较为优秀的武术运动员群体,他们的武术技能水平比较高,但对武术理论知识却掌握得较少,在训练方面虽然有一定的优势,但是教学能力比较欠缺。针对这类群体,要多使其学习武术文化和理论知识,对这类群体进行考核时,武术文化、理论方面的比重可适当增加,从而使该群体重视学习武术文化和理论知识。

2. 对在职武术教师的培训

在职武术教师从事一线武术教学工作,教学经验较为丰富,但是他们所掌握的知识较为陈旧,而且不注重学习新知识,不注重更新自己的知识库,这样,他们传授的知识很难吸引学生的兴趣与注意力,长而久之对于武术的可持续传承与发展产生了不利的影响。因此,对在职武术教师进行培养的过程中,必须定期定点对其展开培训,引导其对自己的知识系统进行更新。

第三节 高校武术课程思政元素分析

一、武德推动立德树人

社会和个人道德理想的实现历来都是受中国传统文化所提倡的。儒家和道家都将追求个人的自我完善看作是实现生命价值的重要途径。中华民族素有"礼仪之邦"之称,因而在评价社会是否进步与发展中,可以将我国所创造的道德水准看作是一个重要的标准。受我国道德文化发展的影响,武术经过不断的发展形成了特色鲜明的道德要求和评价体系,其在武术文化中具有深刻的内涵。武德在我国武术中是非常重要的文化内涵,某种程度上而言,武德比武技还重要。"未曾学艺先学礼,未曾习武先习德"是我国习武的一项基本要求,这反映了武术传授过程中武德教化的重要性,也体现了"道德至上"的武术文化特色。

厚德载物是武术修炼对道德的高度重视和对习武者的严厉要求。它要求习武者首先要具备高尚的道德情操,之后才能有承载万物的能力和修养。一个人的武德决定着他的武术所能达到的最高境界。道德经中有"上善若水,水善利万物而不争"。这也正是武术的至高境界,虽然武术表现为一种格斗搏杀的形式,然而其内在的价值追求却是不争,这是对道德修养的极高要求,并非武术高强就能达到这样的水准。因此,几千年来"自强不息、厚德载物"一直是武术所提倡的价值追求,是武术很好地融合了传统文化的精髓的重要体现,同时,通过武术这一特殊的活动形式,将我国传统文化中优秀的价值观念和道德追求进行广泛的传播和普及。

在高校武术课程教学中,应充分发挥武德的育人作用,在传统与现代的相互交融下,使学生树立正确的道德规范和价值追求,培养学生的理想人格,从而使学生在身体与心灵上都得到改善与升华。对学生进行武德伦理规范方面的教育是武术课程思政教学的重点,在教学中要让学生了解和熟悉武德伦理规范的主要内容,积极引导学生把武德伦理规范融入生活和学习中,以更好地贯彻落实立德树人任务。

二、武术原理培养科学精神

武术具有突出的科学属性。比如,武术散打中站立式格斗姿势整体呈现三角形状态,其科学原理是这种姿势不仅能够减少身体的暴露面积,又能使身体架势的稳定性得到提升,这充分体现了"三角形具有稳定性"的科学原理。再如,武术讲求"以意行气","意"是通过有意识地调动大脑刺激中枢神经来激活全身有关部位的组织器官的生理机能,从而完成武术动作,这样的动作练习更加科学有效。武术动作的设计和练习要求的提出离不开对科学原理的遵循,当然也有武术大师的个人经验。

在高校武术课程教学中,教师通过讲解武术的动作原理,可以让学生清晰地感受和领悟武术蕴含的科学精神,这有助于培养学生遵循科学规律的意识,提高学生的科学认知水平,增强学生科学分析问题的能力。总之,学生练习武术不仅可以强身健体,还可以启发智慧,提高智力。

三、武术精神磨炼意志品质

自强不息、厚德载物,这是武术最深层、最根本的精神追求。自强是指对自己的要求,它要求习武者要积极向上,强调个人是命运的主宰,鼓励人们通过自己的努力和拼搏使自己变得更强大,从而改变命运。武术不仅可以强壮体魄,提高人体的健康水平,同时还对培养顽强的意志品质具有重要的促进作用。从开始学习武术到具备一定的技能水平,整个过程几乎无时无刻不在考验练习者的意志品质。和学习其他传统技艺一样,刚起步的时候都是从苦练基本功开始,而且传统技艺的训练方式是相对单调和枯燥的,它是通过用一种极为严苛的方式来训练初学者,这对于很多人来讲都是一种巨大的考验,需要学习者具有明确的学习动机和坚韧的品质,才能熬过最初的各种疼痛和不适。在进入套路的学习时,也常常以一遍遍地重复某一动作为练习内容,同时还要忍受住练习时各种拍、打、摔等动作带来的疼痛感,这些都是在挑战练习者的意志品质。但是,通过一次次克服恐惧、迎难而上并取得进步时,也达到磨练意志的效果，并培养了练习者勇敢顽强、积极进取的精神气质。

因为习武是一件异常艰苦的活动，为了练就过人的本领，习武者往往通过增加训练难度来挑战自身的弱点和惰性。比如，过去的练功者讲究"夏练三伏、冬练三九"，就是试图用最艰苦的条件来磨练习武者的意志，从而造就和培养练功之人的强大耐力和过人的武功。

在高校武术教学中，教师要通过讲解与传播武术精神来培养学生坚持不懈的精神品质，并引导学生建立正确的人生观和价值观，真正在中华武术精神的熏陶下使学生磨练意志、锻造精神、完善人格。

四、武术规则推动法治建设

古代武术规则就有如"少林十诫"这类的门规戒律和"禁狂斗"这样的箴言要求，而现代武术规则更是制定了"武术竞赛规则与裁判法"，所以说武术规则不仅是历史的，也是现实的。武术规则作为从属于法律规则的下位规则，是法律规则在武术练习群体投射的特殊表现，有利于强化习武者认同法律规则价值，使习武者树立法治意识，进而推动整个武术领域的法治建设。

在高校武术课程教学中，武术教师要引领学生在武术学习的情景式体验活动中深化对武术规则的认知，培育学生重戒行忍的武术规则意识，充分发挥武术规则的社会教化价值，进而达到从遵守武术规则到遵守社会法律的转变。

五、武术人物强化爱国情感

在中国近代社会发展中，面对外族入侵和民族救亡图存，一些杰出的武术人物为国家独立与自由贡献了自己的一份力量，他们的爱国情怀让人钦佩。

武术历史人物是宝贵的历史财富，蕴含着丰富的文化内涵和民族精神，是培养学生文化自信和民族情感的良好素材，对学生具有良好的激励作用。在高校武术教学过程中，教师应积极讲解武术历史人物的典故，如岳飞精忠报国、戚继光抗击倭寇等，使学生深入了解和感受武术人物的爱国情怀，从而激发学生强烈的爱国主义情感。

武德推动
立德树人

武术人物
强化爱国
情感

武术课程
思政元素

武术原理
培养科学
精神

武术规则
推动法治
建设

武术精神
磨炼意志
品质

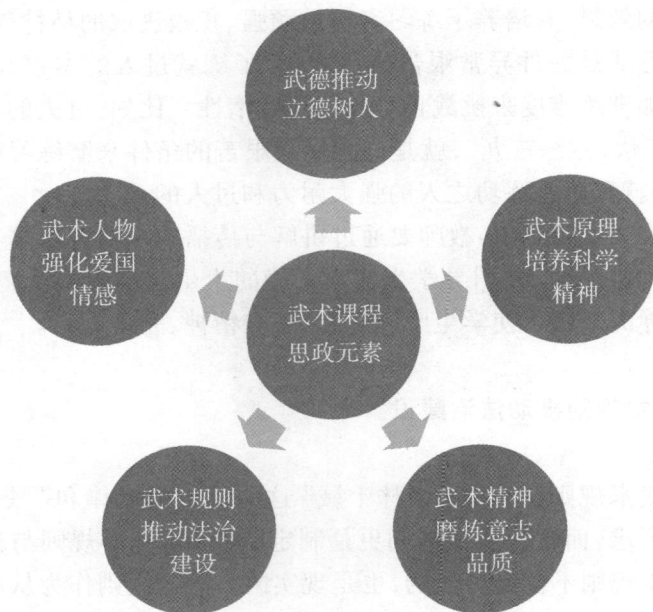

图 8-1　武术课程思政元素

第四节　高校武术课程思政建设的思考

一、加强武术教材中的思政建设

在高校武术课程思政建设初期，应从武术教材中的思政建设切入。主要原因是武术教材是武术课程开展的核心，在武术教学中教师的引导方向、学生的眼界是由教材内容所决定的，教材对师生具有非常直接的影响力。因此，应将武术教材中的思政建设作为武术课程思政建设的第一步。具体而言，可采取以下方式着手武术教材思政建设。

（一）成立教材编撰团队

组建编纂武术教材的专业团队，武术教师、思政教师构成该团队的主要成员,由经验丰富的武术教师作为团队负责人。在教材编纂初期,编撰教材经验丰富的武术教师带领其他成员对当前武术教学中使用的教材进行客观分析,找出优势和不足,并组织讨论,确定如何将思政内容补充到教材的相应单元中,为开展武术课程思政教学打好基础。编撰教材要立足全方位育人目标,要使教材能够为武术思政育人效果的提升提供支持。

(二)制定与完善相关制度

对教材编纂中的相关制度进行制定并完善,如教材编写的激励制度、管理制度和教材质量的评价制度,通过制定这些制度,要达到以下目标。

第一,将编撰团队所有成员的工作热情和积极性调动起来,努力推进武术教材领域的思政建设。

第二,对武术教材编制机制予以规范,确保武术教材思政建设的发展方向正确,从而少走弯路。

二、鼓励武术课堂中的思政建设

在高校武术课程思政建设中,武术课堂思政建设处于绝对的核心地位。在武术课堂中进行思政建设,首先要提高武术课程的地位,尽可能将武术设置为必修课,保证学生的参与度能够达到一定的要求。只有高校重视了武术课程建设,确保所有学生都能上武术课,在武术课堂中进行思政建设才更有意义,武术思政教育范畴才能进一步拓宽。明确武术课程的地位后,就要着手安排武术课堂中的各项事宜了,促进武术教学过程中各个环节、要素与武术思政教育的有机融合。

具体而言,在高校武术课堂中进行思政建设,可根据实际情况对以下建议予以采纳或将此作为参考。

(一)构建课堂仪式

在武术课堂教学中,礼仪要贯穿始终,以更好地传承武术礼仪文化。师生的每一次行礼都是一种互动的方式,能够增进师生感情和建立良好的同学友谊。礼仪还能使课堂教学氛围更加融洽,将全体师生的情感凝结在一起,促进情感领域教学目标的实现。武术礼仪蕴含着尊师重道、遵从规则、遵守规章制度等思政内涵,这些也是民族优良传统,有助于使学生认同武术文化和民族传统文化,培养学生的良好道德修养,并进一步增强其民族归属感和提升文化自信。

(二)引入综合性文化

在武术课堂思政建设中,既要以武术文化为中心展开教学,引进丰富的武术文化内容,又要适时引进思政文化,并对武术文化中蕴含的思政元素,如武德等予以强调,借助蕴含思政元素的武术文化内容对学生展开思政教育,培养学生的责任心、爱国情感和民族自信心,促进学生全面发展。

(三)采用丰富的教学方法渗透德育

武术教学方法丰富多样,在武术课堂思政建设中,武术教师要善于在不同教学方法的实施中以润物细无声的方式渗透道德思想,以德育人,潜移默化中培养学生的道德修养,切忌为了渗透而渗透,也不能浅显地一带而过。下面具体分析如何在多媒体教学法、任务驱动教学法的实施中渗透德育,为教师采用其他教学方法提供借鉴。

第一,采用多媒体教学法渗透德育,利用多媒体设备播放武术教学视频或呈现武术历史资料,使学生进一步认识中华民族传统体育文化的瑰宝——博大精深的武术,从而增强学生的民族自豪感和文化自信心。

第二,采用任务驱动法渗透德育,给学生布置学习任务,要求学生对武术底蕴进行挖掘,对民间武术艺人予以探寻,并将武术礼仪与日常生活中的一些准则和规范联系起来,使学生在亲身实践中感受武术的精髓,对武术蕴含的道德观、人生观和价值观有深刻的体会,从而养成优良品质。

三、强化武术实践活动中的思政建设

在高校武术课程思政建设中,培养学生的道德品质,使学生学会做人做事,这是最基本的育人目标,但不是终极目标,学生养成良好的道德品质,学会做人做事的道理和准则后,关键是要将这些内在进步与提升转换为实践,也就是要发挥优良品质,落实武德与良好学风,使学生从意识和观念的进步转变为实践中的进步,这才是武术课程思政建设最终要达到的目标。为此,高校武术课程思政建设不能忽视在武术实践活动中的思政建设,为学生提供实践机会来落实意识与观念。

在高校武术实践活动中进行课程思政建设,要整合学校教育资源来组织有趣味有意义的武术实践活动,使学生在武术实践中传承武术文化,并更加深刻地领悟武德,认可中华传统文化,并带动周围学生积极参与活动,形成良好的习武氛围。

此外,还要整合校外教育资源开展校外实践活动,引领学生走出校门,走进自然,走向社会,开阔眼界,增长见识,并借此机会向武术大家或民间习武之人学习武德与武艺,不断提升自己,并在武术实践中锻炼自己和检验自己。

第九章

高校健美操课程教学改革与课程思政建设

    健美操是集健、力、美于一体的时尚流行运动,深受大学生喜爱。近年来,越来越多的高校开设健美操课程,健美操课程成为高校体育教育的重要载体。健美操运动本身与思政元素密不可分,具有独特的思政育人功能,能够有效培养大学生的思想价值和道德品质。为充分发挥高校健美操课程的体育教育功能和思政教育功能,既要从高校健美操课程教学现状出发加强改革与创新,又要在课程思政的指引下推动健美操课程与思政教育相互渗透,相互融合,加快健美操课程思政建设进程。本章重点探索高校健美操课程教学改革与课程思政建设,主要内容包括高校健美操课程教学现状与改革策略、高校健美操课程中的思政元素以及高校健美操课程思政建设的思考。

第一节　高校健美操课程教学现状与改革策略

一、高校健美操课程教学现状

（一）教学环境现状

优质的教学环境对教学活动的开展及其水平的提升有着非常重要的影响。我国多数高校教学条件方面有了很大的改善，充分运用了大量的电子设备与信息化平台，大幅提升了教学质量。也有一些高校建设了标准的体育馆与练舞室等，但仍然有很多高校所配备的健美操运动设备与器材比较落后，缺乏专门的健身房，而且一些学校的健美操训练场地是水泥地板，没有铺设标准的地毯，增加了学生受伤的风险。

（二）教学内容现状

高校健美操教学内容既有理论方面的内容，也有实践方面的内容，两者都是不可或缺的。然而，在我国高校健美操教学内容体系中，普遍存在实践教学内容多于理论教学内容的现象，一些教师往往只教授健美操运动的技巧与技能，忽视了健美操理论教学。而设置了理论教学内容的高校中也不乏只是简单传授健美操基本理论知识的情况，而那些学生更需要了解的健美操实用内容却很少提及，如健美操音乐、健美操锻炼方法与健康促进理论等。

此外，我国很多高校的健美操实践教学以技术动作训练为主，很少引入目前比较流行的操舞类项目。

总之，我国高校健美操教学存在重实践、轻理论的普遍问题，且理论内容相对比较单一，缺乏科学性与合理性，实践内容缺乏时尚性和创新性。

（三）教学方法现状

如今我国高校健美操教学方法还存在诸多不尽如人意之处，以往长期存在的问题现在仍然存在，如教学方法陈旧且单一，继续采用传统的讲解、示范法进行教学，在健美操训练过程中常用重复训练法进行训练，很少采用一些新型教学方法，教学过程缺乏创新，难以有效满足新形势下的教学需求，难以促进学生的个性发展，从而降低了学生的学习兴趣，这势必不利于教学效果的提升。

二、高校健美操课程教学改革策略

（一）加强健美操教学基础设施建设

1. 提高重视，加大资金投入力度，创建良好的物质教学环境

创设健美操教学环境，要把物质教学环境放在第一位，创造良好的物质条件，这是开展健美操教学工作的基础条件。健美操物质教学条件中，开展健美操教学活动的场所，即运动场馆这一硬件设施是最重要的，其在健美操物质教学环境中居于第一位。除了运动场地外，还要有基本的教学设备，这同样是健美操教学中必不可少的基础条件，健美操教学任务的完成和教学目标的实现都离不开重要的教学设备。此外，健美操实践课如果是在户外操场开展，那么空气、阳光、气候等自然条件也很重要，我们不能忽视自然条件对健美操教学环境建设及对健美操教学活动开展的重要影响。因此，在健美操教学中要提高对建设物质教学环境的重视，在这方面加大资金投入力度，具体要从以下几方面来努力。

第一，建设与完善基础教学设施，兴建健美操运动场馆，完善场馆功能，拓展活动空间，完善配套设施，备齐教学器材设施、教学设备及基本教学手段，加大这些方面的资金投入力度，从根本上解决健美操教学的场地设施问题。

第二，定期检查运动场馆设施，及时发现安全隐患，第一时间加紧维修，延长运动场馆及设施的使用寿命，预防因基础教学设施的安全问题

而造成学生的运动损伤。

第三,美化学校周边环境,净化空气,种植花草,使自然环境与教学环境相互协调,创建和谐的生态教学环境,给学生带来美好的学习体验。

2. 设计美观实用的健美操场馆

有条件的高校可以根据健美操运动的特点和教学需要建设室内健美操场馆,为健美操教学活动的开展提供专业的设备,打造专业和优良的教学环境。建设健美操场馆,要在设计环节下功夫,场馆既要专业、实用,又要有一定的美观度。为达到这些基本要求,应邀请专业设计人员进行设计,并多听取健美操教师的意见。下面简要分析设计美观实用的健美操场馆的几个要点。

（1）以健美操为主题进行特殊的视觉延伸

健美操是一项有氧健身活动,以中低强度为主,能够锻炼全身各个部位,有助于改善人体心肺功能,促进有氧耐力的提升。心肺功能差和有锻炼有氧耐力需求的学生可以通过健美操运动来达到运动目的。为调动学生参与健美操运动的积极性,可通过设计专业的健美操场馆来吸引学生的注意力。在健美操场馆设计中,要根据健美操运动的特点进行特殊的视觉延伸,但主题依然是健美操,场馆主背景可以使用几种不同的颜色,如使用代表热情、活力的红色调和紫色调,从而将富有热情、激情的健美操运动的特征彰显出来。也可以使用代表健康、生态的绿色调和黄色调,展示健美操的活力和健康。颜色丰富能够给学生带来美好的视觉体验和心理感受,使学生喜欢上健美操运动。

（2）突出特色

健美操是全身性的有氧健身运动,但它比一般的有氧运动更加轻松、优美,能够陶冶人的情操,美化人的心灵,给人带来良好的愉悦体验,并使人的精神压力、不良情绪得以缓解,使人的体形更加优美。总之,健美操运动既能健身,又能健心,还能健美,是培养学生健康身心素质和精神气质的重要手段。为充分发挥健美操的价值与功能,应在健美操场馆设计中通过突出特色来吸引学生的注意力。突出特色既包括突出健美操运动的特色,也包括突出中国特色,要展示健美操运动的魅力,也要展示中国特色健美操运动的独特之处。这样的设计能够使学生在场馆中练习健美操时身心愉悦,精神放松,心灵更宁静,从而提高练习效果,实现情感升华。

（3）采用传统元素，体现节拍律动

健美操配乐通常比较欢快，节奏鲜明，节拍律动感很强，铿锵有力，在节奏欢快、节拍有力的配乐中，健美操运动者的形体美、健美操的音乐美展现得淋漓尽致。如果能够在健美操场馆设计中融入中国传统元素，这种审美将得到升华。比如，主背景墙的颜色设计成素雅的"水墨"渐变颜色，突出并衬托出健美操运动者的魅力。同时，素雅的色彩与周围的柱子的鲜艳色彩交相辉映，展现健美操的运动之美。观众席的设计以暖色调为主，营造青春活力的氛围。

3. 引进标准化健美操器材

随着健美操教学水平的提升、师生健美操运动水平的提高，师生对健美操器材的科学性、安全性、舒适性以及健身性等都提出了更高的要求。基于此，高校引进标准化健美操器材，配置功能多样的健美操设备，将能够更好地满足师生的需要，为健美操教学的顺利实施提供便利。

（二）丰富健美操教学内容

首先，高校应该在保留原有健美操理论教学内容的基础上，对其进行进一步的充实、完善与优化，除了可以设置一些与健美操相关的简单理论知识之外，还可以将健美操音乐知识、锻炼方法及运动损伤防治等内容融入教材体系中。

其次，优化健美操实践教学内容。高校可以根据学生的兴趣与需要，将近几年来比较受学生欢迎的流行健美操项目引入实践教学内容体系中，如拉丁健美操、轻器械健美操、搏击健美操、街舞、恰恰舞等，为健美操实践教学注入新鲜的血液，提升学生的参与兴趣。

（三）改革健美操教学方法

1. 根据教学需要组合运用不同的教学方法

高校健美操教学中既可以采用体育教学的一般方法，也可以从健美操运动特点出发设计专门教学方法，不管是一般体育教学法，还是健美操专项教学法，每种方法都有自己的优势，也有自己的不足，在教学实际中往往会用到多种不同的教学方法,而将不同的方法组合在一起运用便会产生不同的教学效果。为了提高与优化高校健美操教学效果,健美操教师要善于从教学目标、教学条件、具体需要出发而重视对不同教学方法的有机组合,具体可参考图9-1所示的教学方法优化模式图。

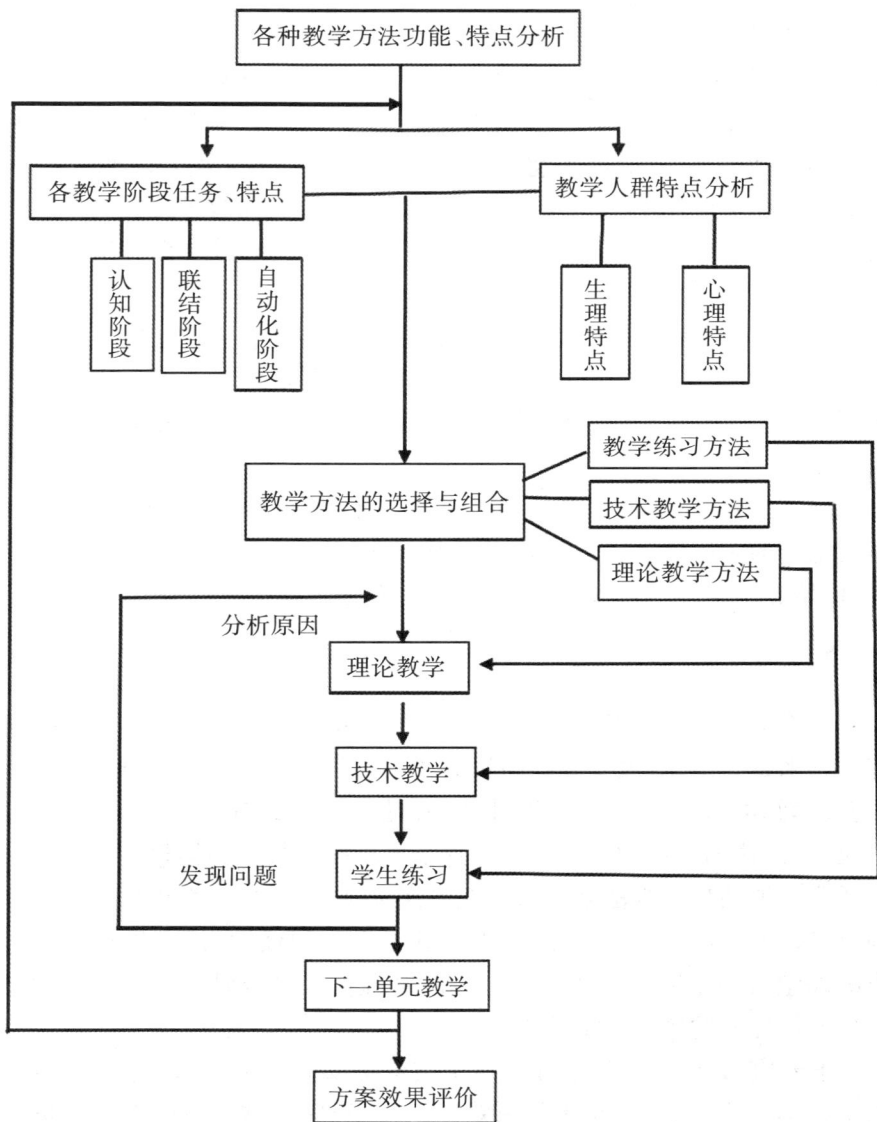

各种教学方法功能、特点分析

各教学阶段任务、特点

教学人群特点分析

认知阶段　联结阶段　自动化阶段

生理特点　心理特点

教学方法的选择与组合

教学练习方法

技术教学方法

理论教学方法

分析原因

理论教学

技术教学

发现问题　学生练习

下一单元教学

方案效果评价

图9-1　教学方法整合优化模式[①]

① 张建龙,王炜.体育教学方法优化组合的依据、原则与程序[J].新西部(下半月),2009(05):241+238.

2. 教学方法与手段科学化

在高校健美操教学中,教师要明确教学目标,依据教学目标而科学选用教学方法手段。健美操教学作为体育教学内容之一,其实践性很强,一些传统教学方法存在理论与实践不符且二者差距明显的缺陷,再加上在教学方法的实施中采用比较单一的教学手段,导致教学效率低下,教学质量下滑。针对这个问题,健美操教师要根据学校条件来创造丰富的教学手段,教学方法的运用要体现出多样化,以提升学生对健美操课的兴趣。同时,有必要将多媒体教学手段引进健美操课堂教学中,借助多媒体手段使学生充分理解健美操运动原理,在教学视频的慢放与回放中使学生掌握动作细节,全面掌握健美操成套动作,提高学生学习的稳定性与专业性。

此外,因为健美操教学的技巧性也比较突出,一些组合与成套动作完成起来有些难度,因此要求健美操教师能够适当简化一些教学方法,使简化后的教学方法更符合学生的认知能力,更易被学生掌握与运用。

总之,传统单一的教学手段严重影响了健美操教学效果,要重视将丰富生动的多媒体手段运用到课堂中,发挥多媒体教学手段的特色与优势,以培养学生的学习兴趣,提高学生的学习质量。

3. 寓教于乐

健美操动作内容丰富,而且随着技术的不断更新,技术的多样性、先进性越来越突出,这就要求在高校健美操教学中采用丰富先进的教学方法实施教学。除了多样性、先进性外,健美操还具有娱乐性,是大学生愉悦身心、休闲放松的活动内容。这就要求在高校健美操教学中采取一些活泼有趣的教学方法来营造活跃的课堂氛围,贯彻寓教于乐的教学原则,以吸引学生的关注,激发学生的好奇心与积极性,使学生在轻松欢快的课堂氛围中锻炼身体,放松心理,掌握技能,提高思维能力,达到全面发展与提升的良好教学效果。

秉着寓教于乐的思想与原则实施健美操教学方法,不能刻意弱化技术教学难度,或者直接不教有难度的成套动作,这些方法都是不负责任的表现,不能为了娱乐而娱乐,寓教于乐最终也是要服务教学效果和教学目标的。因此,健美操教师要善于开发与设计一些娱乐性的教学方式,如比赛教学法等,在能够引起学生兴趣的氛围中激发其主观能动性,形成良好的竞争与合作意识,而且也能在娱乐化的教学中培养学生的体育道德与体育精神。

4. 采用创新教学方法

(1) 启发式教学法

传统健美操教学中,教师采用的教学方法具有较强的指令性,教学方式以命令学生执行某个规定为主,教师在课堂上有绝对的支配权,这严重限制了学生主体性、能动性和个性的发挥,也不利于调动学生学习的积极性,对学生的长远发展是不利的。此外,教师控制课堂也忽视了与学生的互动,不利于良好教学氛围的形成。

为提高学生主动参与健美操教学的积极性,在高校健美操教学中应将一部分控制权交给学生,以启发式教学为主,教师主要是利用学生的健美操基础知识、基础技能及其他相关知识等个人经验,选择学生身边发生的事例去引导他们主动思考、实践,并有所领会和感悟,这对学生掌握健美操知识和技能是有积极作用的。

在健美操教学中采用启发式教学法,教师要适当提一些问题,以开放性问题为主,体现出问题的预设性和描述性,提问要有依据,要系统一些,便于学生独自生成信息,使学生能够在问题面前主动思考、判断和做出回答。启发式教学方法的应用形式是多种多样的,包括直观启发、比喻启发、对比启发等,在教学中要灵活应用不同形式的启发方式,引导学生积极思考,提高学习效果。

(2) 多媒体教学法

当代社会,多媒体教学法已经渗透教育的各个领域,其中包括高等院校的体育教学领域。面向对多媒体技术感兴趣的学生进行健美操教学,采用多媒体教学方法是非常可行的。多媒体教学法包含丰富的视听素材,可以帮助学生更快、更准确地理解教学内容,教师可以采用直观的多媒体教学手段更加生动地传授健美操动作方法与实践经验,这非常符合学生的认知水平和兴趣爱好。初学健美操的学生更适合接受直观、形象的信息传授方式,因而采用多媒体教学方法能够使学生很快地进入学习状态中。

在多媒体设备的辅助下,教师可以将单调、难以用语言生动表达的教学内容转化成为学生喜欢的动画形式,在声音、画面全面环绕的情境下,学生可以更好地集中注意力去学习和掌握健美操动作。

（3）微课教学方法

微课是以教学目标和教学要求为依据,以视频为载体对课堂教学中的全部活动(教师的教学活动、学生的学习活动以及师生互动活动)进行记录的教学方法。微课教学法具有教学时间短、教学内容精简、注重师生互动等特征。微课教学方法的应用价值及重要作用体现在以下几个方面。

第一,促进学生学习效率的提升。

第二,改革传统教学模式中落后的因素,提高教学模式的应用价值。

第三,对零碎的教学时间加以整合,提高课堂时间的利用效率。

第四,尊重学生的主体性,提高教学的针对性。

第五,及时帮助学生纠正错误动作,规范动作。

下面具体分析微课教学方法在高校健美操教学中的应用策略。

①重视微课教学平台的建立

不同高校的教学条件有差异,在教学硬件与教学软件方面都有充分的体现,各高校在建立微课教学平台时,要选择符合本校教学条件的多媒体手段,微课教学既要体现出现代性、有效性,也要讲求经济便捷性。一般来说,在班级大家庭中建立微信群能够很便捷快速地构建微课教学平台,教师将微课教学视频分享到班级群里,学生借助多媒体手段自主学习。在微课教学平台的构建中,要根据实际情况来投入相应的硬件和软件装备,由专业人员负责管理这些教学设施,每次使用前做好调试工作,并加强维护,提高利用率,延长使用寿命。

②科学进行微课设计

健美操教师进行微课设计一定要贯彻科学性原则,微课设计的科学性主要体现在完整、系统、规范三个方面。

完整设计:在高校健美操微课设计中,要以学生为主体确定方案,制定教学目标明确、内容完整、重点清晰、难点突出、能够充分调动学生学习积极性的微课视频。微课设计的完整性主要体现在组织结构的完整性、教学内容的完整性两个方面,完整性教学是分解教学的升华,单个动作适合直接采用完整教学法,成套动作适合先采用分解教学法,但最后一定要过渡到完整教学上。

系统设计:设计健美操微课,要树立现代化的教学理念,以学生体质健康、终身体育锻炼为目的而对教学内容进行系统性梳理,由点到面,由零散到整体,精心进行系统化的微课教学设计。

规范设计:微课课程结构精炼,内容单一,微课设计看似简单,实则非常专业,在设计过程中,健美操教师一定要确保方案中的每个元素如文字、图片、视频、动画等都准确无误,符合教学内容,如果存在失误,哪怕是很小的失误,都会给健美操微课教学质量带来不好的影响,因此规范化进行微课设计是非常重要的。

③注重对微课视频教程的拍摄及运用

微课是健美操教学的现代化方式,除了对微课的直接运用外,教师也可以对自己的教学过程进行拍摄,制作微课教学视频,将自己的教学经验和技巧分享给其他教师,同时主动向其他教师学习经验,借鉴其他优秀教师的教学案例来组织教学,在教学资源与经验的互换中达到更好的教学效果。

教师拍摄自己的教学视频并计划将此作为教学案例分享给其他师生时,要特别重视教学的专业性、规范性与准确性,如用专业术语讲解,示范优美准确,指导学生时认真耐心,让学生将自己的学习成果展示出来,以体现良好的教学效果。如果条件允许,可以邀请专业健美操教练员或运动员从专业的视角拍摄视频,以提高拍摄质量。微课视频的分享为高校教学资源最大程度的共享提供了可能。为了使微课视频的应用价值得到进一步提高与充分发挥,高校可以举办校际教学研讨会或分享会,优秀教师汇聚一堂共同进行专业教学的研讨,以制作出更精彩、专业、高质的健美操微课教学视频。

④在微课教学中把握教学难点

健美操运动中有些成套动作相对复杂一些,对大学生来说学习起来难度较大,而将教学难点作为微课教学的主要内容,可以通过视频回放来使大学生观察动作细节,使其逐步掌握复杂成套动作,提高健美操运动水平。在健美操微课教学中可以实现对教学难点的准确把握,使学生按照视频内容与提示一遍遍演练,直至达到像视频中呈现出来的动作质量,在学生对照视频演练的同时,健美操教师还要继续深化理论讲解,使学生在理解的基础上掌握技术动作,提高练习效果。在微课教学中,还可以组织学生自由讨论,发表关于微课教学的看法,从而为完善微课教学提供思路,使微课教学真正服务于广大学生群体。

⑤在微课教学中增加互动

在微课教学中,为了提高学生的思想注意力,使其更专注于课堂学习,教师要主动与学生互动,调动课堂氛围,将学生的学习积极性和热情也调动起来,使所有学生都真正参与信息化教学中。在微课教学中增加互动的方式,有线上回答学生的问题,回复学生的评论,与学生在线沟通学习技巧,利用互联网平台使学生充分发表自己的观点,陈述自己的问题,耐心帮助学生解决问题,尊重学生的个性,同时引导学生之间的互动,提高学习的趣味,充分贯彻寓教于乐的教学原则。

⑥加强传统教学与微课教学的有机结合,构建一体化教学模式

在信息化技术背景下,微课教学作为现代化教学方式在高校健美操教学中得到了有效的运用,但要注意的是,在健美操教学中要紧紧结合教学实际来展开教学工作,不能脱离实际情况,而且教师要把自己的教授活动与学生的学习活动紧紧联系起来,而不是只给学生呈现视频案例就可以了。另外,在运用现代化教学方式的同时不能忽视对传统教学方式的继续运用,传承下来的传统教学方法一定有其可取之处,所以要取其精华,将其与现代教学方式结合起来使用,实现传统与现代教学方式的有机互补。

健美操运动教学对大学生的运动感知能力提出了较高的要求,因此在设计微课并运用这一现代化教学方式时,要加强线上教学与线下教学的有机结合,线上给学生呈现生动精彩的教学视频与真实案例,使学生了解健美操理论与动作,并认真观察细节动作和难度动作。线下学生要不断练习来达到视频中要求的标准,并将所学理论与动作运用到实践中,以实现理论的升华与技术水平的提升。

分层教学、情境教学等是常见的线下教学方式,这些教学方式都适合与微课线上教学方式结合起来运用,这样既能提高学生对微课教学的兴趣,也能提高学生线下练习的积极性。因此,在高校健美操教学中,充分发挥线上线下教学方法的优势,构建线上线下相结合的健美操教学新模式具有重要意义。

（四）实施健美操网络教学,提升学生的学习积极性

健美操网络课程是一种开放式的课程模式,与传统健美操课程教学的封闭模式不同。作为现代教育技术与健美操课程融合的产物,健美操网络课程为提高健美操教学质量和效果开辟了有效的手段和渠道。设计健美操网络课程,必然要以网络为平台,以实现学生自主学习为主要

目的。下面重点对健美操网络课程教学设计的理论与操作展开研究。

1.健美操网络教学设计原则

网络教学有其自身的特征,有不同于传统教学的独特性,因此进行网络课程教学设计自然与传统课程教学设计有区别。在健美操网络课程设计中,健美操教师应遵循教育学原理和心理学原理,并依据传播理论进行创新设计,具体在设计中要贯彻以下几条重要原则。

(1)自主性原则

健美操网络课程学习活动是在师生分离的情况下实施的,学生作为网络课程学习的主体,主要学习形式是利用网络资源自学。所以要重视学生的主体地位和作用,体现学生学习的个性化特点,尊重学生自主学习的权利,发挥学生的能动精神。为提高学生自主学习能力,可为其提供灵活多样的检索方式、设计供学生随堂使用的电子笔记本、让学生构建作品和进行自我评价等。

(2)交互性原则

在健美操网络课程教学中,师生不会面对面互动,师生处于分离状态,在此前提下进行网络教学。为了方便师生交流,使师生互动的效果不亚于面对面互动,在网络课程教学设计中要将网络技术的功能和优势充分利用起来,对虚拟教学环境进行创设,营造良好的网络教学氛围,为师生进行线上交流和讨论问题提供良好的条件。

(3)开放性原则

随着现代信息科技的迅猛发展,尤其是信息存储技术、传输技术的发展与渗透,使得人人都能遨游于知识的海洋中,每个人身边都有巨大的知识库。这充分体现了网络资源的开放性。利用网络的开放性进行健美操网络课程教学设计,为学生提供丰富的学习资料,从多个角度描述与解释学习内容,从而提高学生的拓展思维能力和分析能力。

(4)多媒体化原则

不同的学生因为个人学习习惯的不同,在获取信息的渠道方面也有所差异,有的学生喜欢通过听来获取自己需要的信息,我们将其称为听觉性的学生;有的学生喜欢通过观看图像、文字来获取和保留信息,我们称其为视觉性学习者等。随着现代网络课程中计算机技术的深入渗透,使网络课程中的学习内容具有图、文、声、像并茂的特征,这对提高知识信息的传播效率和效果具有重要意义。

在健美操网络课程教学设计中,应该从学生的学习习惯、学习风格出发,以学习内容为中心,将知识信息以丰富的形式呈现与传播,使现代教学媒体的优势得到充分发挥,促进学生健美操学习效率的提升和学习效果的改善。

2.健美操网络教学的有效策略

（1）教学内容组织策略

①学生主体策略

应用多媒体教学,以启发学生自主－合作－探究的学习方式为主,让学生主动参与课堂教学过程,学生主体地位的体现更加突出,教学过程中,健美操以多种信息媒介完美融合在一起,便于学生更容易掌握健美操动作技能的变化过程,由于人机的交互作用,使学生成为多媒体环境下健美操学习的主动者。

主体性策略注重学生自我发展,尊重学生主体地位,学生的主观能动性提高。在健美操教学设计中,要摒弃传统的"填鸭"教学方式,真正让学生成为知识的接受者,更要成为学习过程的参与者,让学生积极主动地学习,大胆质疑,在主动学习中获得知识,做到以发展学生的主体性为中心组织教学。

②媒体引用适度策略

健美操是呈现强烈的节奏性和高度的艺术性的身体活动,学生在练习过程中锻炼身体,享受"美"的艺术,提升"美"的意识和艺术修养。因此,在健美操教学中引入多媒体,对健美操教学效果具有促进作用。但是不能为了追求"形式",喧宾夺主,注意引用的实用性,引用内容突出重难点,不能滥用。

多媒体是声音、图形、动画、视频和其他媒体的整合,在健美操动作技能教学中教师用身体语言难以表达运动技能的形成过程、运动路线、运动节奏以及动作技能与音乐的整体配合性,而多媒体可以做到这些,因此,许多教师在使用多媒体辅助健美操课堂教学。但并不是所有的健美操技能都适合用多媒体来辅助讲解,过分依赖多媒体会占用过多的课堂教学时间,过分形象多彩的课件也会分散学生学习的注意力。总之,多媒体是教师的好帮手,只有合理使用才能充分发挥其价值。

③整合协调策略

在学校健美操教学中,利用多媒体交互性集成的特点,将动作技能之间看似不相关的表现结合为一种新的技能的学习,也可以称作认知"替换"。相互交互能够使动作技能学习更容易,使学生认知度提高。例如,"一字步"和"V字步",表面看是两个步伐,其实就可以看成踏步的变形,用多媒体同时展现着三种步伐的路线,会发现就是踏步"变形记",原地是踏步,方向向前向后为"一字步";左右交替"V字步"。

（2）教学互动策略

①人机互动

在多媒体环境下进行健美操教学,网络资源或影像资料的使用成为不可或缺的部分。课堂中,学生除了通过观看教师示范进行动作学习,大部分时间都通过多媒体视频进行自主、探究式学习,小组成员通过对视频动作的理解和认识,熟练技能学习的过程,不断提高学习的主动性,并通过合作学习互相帮助,共同进步。在学生的随机学练过程中,影像资料成了学生学习的指导者,通过反复观看资料,不但能加深动作的记忆,还能增强动作的标准化,细致化。

②师生互动

健美操课堂中引入多媒体教学手段,教师有更多的时间用于指导学生学习,关注学生的学习效果,及时解决学习中出现的问题,加强了师生的交流。课堂中应用媒体教学,教师根据媒体呈现的试听画面合理提问,学生回答,及时反馈信息,及时启发和点拨学习中遇到困难的学生。虽然多媒体教学中增加了人机的互动,但是教师仍然是学生学习的"领路人""启发者"。所以,媒体成了师生互动的背景,促进了师生间的情感交流,形成了朋友式和谐师生关系,在朋友式和谐师生关系的驱使下,学生由被动上健美操课变成主动上课,达到自觉锻炼、积极主动学习的目的。

③生生互动

多媒体教学环境中,老师教学应该只占课堂教学时间的一小部分,大部分时间留给学生,让学生在学习过程中加强相互之间的沟通,有机会互相学习,激励学生间共同发展,我们将此称为"共生效应"。

生生互动学习,以多媒体技术为技术基础和环境支持,在实际教学中,利用多媒体创设情境,身临其境的学习环境使学生学习健美操变得轻松愉快,生生互动是一种创造性的探索过程,互动学习能提高学生之间的通信效率,提高学生合作解决问题的能力,并提高学生的创新能力,从而取得良好的学习效果。

（3）教学评价策略

①自主评价，形成习惯

自主性是做任何事情的情感支撑，是主观能动性的体现。是体育教学模式转变的方向，是实现多媒体环境下学生学习目标的重要条件。

评价是教学的重要环节，合理的评价能激发学生学习的兴趣，强化学生自主学习的态度，是学习效果的集中体现，是对学生学习过程的肯定。但是，评价要客观、多元化，不能只重视学习成绩，轻视学习过程，应注重学生生理和心理的全面发展。在对学生实施评价的过程当中，给予更多的肯定是十分重要的，多给予学生鼓励，提升其自信心，引导和培养学生进行自主学习的习惯。当学生在学习过程中遇到挫折时，教师要给予充分的鼓励，帮助他们克服困难；当学生取得良好的学习成绩时，教师及时给予肯定，并鼓励他继续努力，争取更好的成绩。

多媒体环境下的健美操教学中，学生是学习的主体，是执行学习任务的主体，学生自主学习时间增加，自主学习态度不断强化，他们积极参与健美操运动，经过自主学习完成健美操技能的学习，从而实现身心的全面发展，并提高自己的审美素养。

②媒体互助，及时评价

学生在学习过程中通过观看现场教学录像掌握动作技能，同时教师也会在学生练习时为他们录制视频，然后与教学视频作对比，从而及时发现学生的问题，获得真实的反馈信息，帮助学生改进动作和提高学习效果。

（五）培养优秀的健美操教师

在健美操教学的发展中，教师的影响与作用是举足轻重的。健美操教学的开展情况如何，与教师对健美操课的看法有直接的关系。健美操教师是健美操教学活动的组织与实施者，他们的教学理念、教学风格、教学习惯及其他专业素养和业务能力直接影响教学活动的实施效果和最终教学质量。当前，一些健美操教师因为教学观念落后，在教学中一味采用传统教学模式，对成套动作的完整性过分强调，将教学重点基本都放在成套动作教学上，而对学生身体素质的发展、基本运动能力的培养以及综合素质的提升没有给予重视，从而打击了学生学习的积极性，并影响了健美操教学多元育人功能的发挥。可见，要想充分发挥健美操教学的功能,提高健美操教学效果,就必须重视教师的主导作用,加强对优秀健美操教师队伍的建设。

1.明确培养目标

高等院校是培养健美操教师的重要基地。培养目标是高校培养人才的基石,对人才培养方向起到决定性影响。新时期学校教育对体育人才的需求随着社会进步和时代发展而发生了变化,这种变化主要表现为多层次需求、多规格需求、综合性需求以及创新性需求等,这就要求高校不断适应新时代对体育人才提出的新需求,从现实需求出发,结合高校办学条件而优化人才培养方案,明确人才培养目标,为人才培养工作的开展提供正确的方向与指引。

需要注意的是,不同高校因为办学历程、办学条件、办学环境、师资水平等各方面都存在不同程度的差异,所以培养体育人才的目标定位也有区别,体现了学校的办学特色和人才培养特色。培养优秀的健美操教师是一个长远的过程,在不同的培养阶段应该提出不同的培养要求,细化各个阶段的培养目标,从而促进培养对象一步步成长为优秀的专业教师。虽然不同高校在体育教师人才培养方面各有特色,但总的来看,培养目标都应满足以下几项要求,或者说培养出来的健美操教师人才应达到如下要求。

第一,全面贯彻党的方针,符合社会发展和体育事业发展的需求。

第二,具备积极从教的激情与职业情感,并把自身激情投入到教学工作中。

第三,精通体育专业基础学科知识,掌握健美操专业技能和教学方法,能力多面,一专多能,且有深厚的学术水平。

第四,教育理念先进并掌握熟练的教学技能,综合素质较高,符合基础教育要求。

2.设计科学培养方案

高校对健美操教师人才进行培养,要先立足实际,结合社会需要和办学条件而设计与确定一个较为完备科学培养方案,从而根据方案而有序开展培养工作,并在培养过程中根据现实需要而灵活调整方案,以不断完善方案,提高人才培养的效率及培养质量。培养包括健美操教师在内的体育教师是高等院校的主要职责,在培养过程中需要政府的支持,也需要与实习单位建立合作机制,为体育教育专业学生争取实习岗位和机会。基于此,可构建高校、政府及实习单位有机结合的"三位一体"教师培养方案。

在人才培养方案中,高校居于"主体"地位,其作为主体的主要职责是将三方联系起来,协调三方的利益关系,保障最终的培养质量。在人才培养的整个过程中,尤其是人才培养课程的整个实施过程中,高校都要落实到各个具体细节的工作。该方案中地方政府居于"主导"地位,主要职责是统筹整体规划,领导相关部门的工作,提供资金保障,优化资源配置。政府从宏观上对高校和实习单位的合作加以引导和调控,并制定相关政策来予以扶持,提供保障。实习单位是体育教育专业学生实习的重要基地,其主要职责是响应地方政府的政策,接受体育教育专业学生来校实习,积极配合政府与高校的工作,做好基础性实习实训的管理工作。

在上述"三位一体"的教师培养方案中,要特别重视对体育教育专业学生专业教育教学能力和教育实践能力的培养,并针对这些重点培养内容而构建专门的培养体系。例如,在专业教育教学能力培养体系中纳入专业体育教学能力、体育科研能力、学科特长能力及教育管理能力等相关内容,以期提高体育教育专业学生的教育教学能力。而在教育实践能力的培养中,要充分发挥高校、政府及实习单位各自的职能,将各方面力量有机整合起来,循序渐进,逐步落实各项培养工作的开展(图9-2)。

3. 完善课程设置

体育教育专业的课程设置是围绕体育教师专业人才培养目标与规格,从课程内容、内在联系、专业支撑作用、时间顺序等方面进行统整,科学分解专业思想、专业知识、专业技能、综合素质等方面的培养任务,将知识节点有机分拆渗入每门课程中。师范类高校在培养体育师资的过程中,不能片面追求复合型体育人才而忽视了师范性特色,而要在坚持人才培养的师范性的基础上兼顾人才培养的复合性,在课程设置中主要安排师范类课程,适当安排非师范类课程,以适应我国体育教育改革发展对体育教师人才的多方位需求。在这方面,北京体育大学体育教育专业做了很好的示范,其在课程设置方面构建了比较健全的课程结构体系,如图9-3所示。这一课程体系既保留了师范性,也兼顾了复合性,对其他体育教育专业的课程设置具有重要借鉴意义。

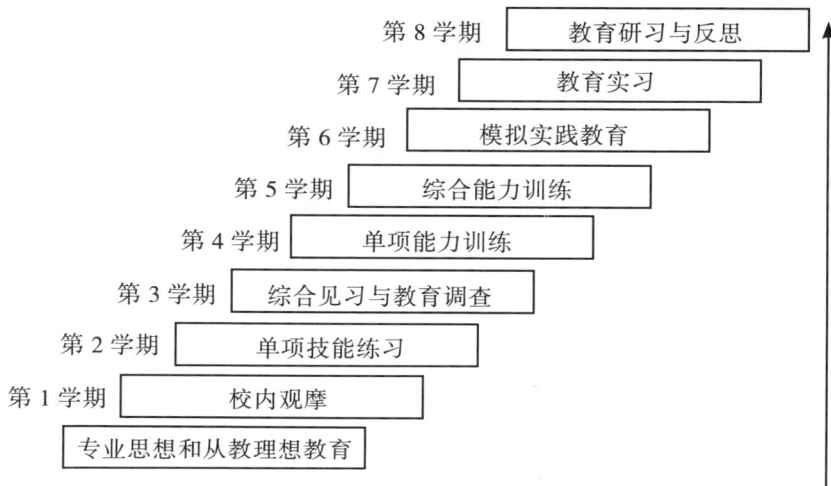

第8学期　　　教育研习与反思

第7学期　　　教育实习

第6学期　　模拟实践教育

第5学期　　综合能力训练

第4学期　单项能力训练

第3学期　综合见习与教育调查

第2学期　单项技能练习

第1学期　校内观摩

专业思想和从教理想教育

图9-2　体育教育实践能力培养体系①

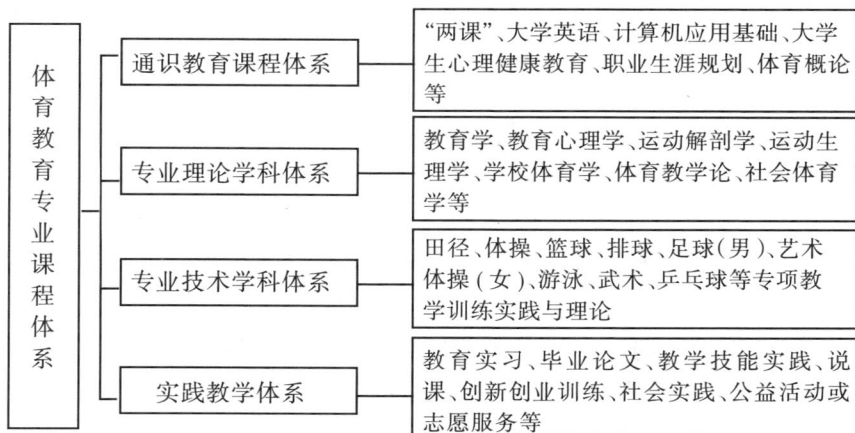

体育教育专业课程体系	通识教育课程体系	"两课"、大学英语、计算机应用基础、大学生心理健康教育、职业生涯规划、体育概论等
	专业理论学科体系	教育学、教育心理学、运动解剖学、运动生理学、学校体育学、体育教学论、社会体育学等
	专业技术学科体系	田径、体操、篮球、排球、足球(男)、艺术体操(女)、游泳、武术、乒乓球等专项教学训练实践与理论
	实践教学体系	教育实习、毕业论文、教学技能实践、说课、创新创业训练、社会实践、公益活动或志愿服务等

图9-3　北京体育大学体育教育专业课程体系②

4.加强入职教育

被学校招聘的教师也就是初任教师在进入学校正式上岗前所接受

---

① 崔文晶.卓越中学体育教师"三位一体"培养方案设计研究[D].山西师范大学,2016.

② 舒宗礼.中学卓越体育教师成长研究[D].北京体育大学,2016.

的培训和教育就是所谓的入职教育。之所以要对初任教师进行入职教育，主要是为了提高初任教师的业务能力，使其尽快熟悉学校环境，适应岗位工作，在教学中发挥自己的专长，提高教学质量。此外，开展入职教育也是为了稳定教师队伍，避免教师因适应能力差而逃避岗位。

地方政府要高度重视健美操教师的入职教育，从制度、政策等方面予以保障，肯定教师的社会地位，关注健美操教师的职业成长和发展，将相关单位及社会组织在教师入职教育中应履行的义务及肩负的责任确定下来，完善各项规划与细节，提高教师入职教育的质量。为保证初任健美操教师能顺利接受入职教育，用人单位要适当减少新入职教师的工作量，使其有时间参与培训。需要注意的是，面向广大初任教师开展入职教育，并不仅仅是为了解决入职教师的适应能力问题，"当务之急"还是为了促进教师的长远发展，对其职业素养、综合素质进行全方位培养，提高其体育教学能力，使其在教师工作岗位上保持持久的战斗力，发挥自己的价值。

5. 注重职后培训

为进一步提升健美操教师的专业素质，培养师德高尚、业务精湛、结构合理的高素质专业化健美操教师队伍，对在职健美操教师进行专业培训很有必要。在职培训要做好以下工作。

第一，完善培训制度，将培训与教师职称、学历学位、课题研究挂钩，强调培训过程和结果考核，从而使健美操教师积极争取培训机会并认真对待。

第二，以教师的需求为导向，明确合理的培训目标、培训内容与培训方式。在具体实施中要体现出个性化差异。

第三，开辟多元化的教师发展渠道。"人事匹配，人尽其能"是学校健美操师资建设与管理中需要遵循的基本原则，这对健美操教师的发展及其个人价值的实现具有积极的意义。健美操教师作为体育教师的一部分，其竞争意识较强，参加过很多健美操竞赛，因此在管理中要避免教师之间出现竞争过度的问题。建立多元化的教师发展渠道对健美操教师充分发挥自身优势，实现自身价值具有重要的影响。在建立教师发展渠道时，需从健美操教学、健美操科研、健美操训练、健美操竞赛、社会服务、行政管理等几方面着手，使健美操教师通过不同的渠道不断完善自己，进一步强化自己的专长。

第二节　高校健美操课程中的思政元素

一、爱国情怀

中国健美操发展历史中蕴含着爱国情怀这一重要的思政元素。在高校健美操教学中讲述中国健美操的发展历程时,可以融入爱国情怀的教育。具体而言,健美操教师可以让学生观看中国健美操队发展初期参加比赛的视频和如今在世界比赛中的视频,通过对比,学生感受到中国健美操发展史以及运动健儿奋力拼搏、为国争光的精神。教师还可以讲述优秀健美操运动员的奋斗故事,增强学生的爱国情怀。

二、坚韧品质

健美操运动中蕴含着宝贵的意志品质元素,主要表现为在运动中遇到困难时坚持不懈、自制力强、顽强勇敢。健美操动作需要经过反复练习才能掌握,这就需要大学生坚持不懈、不惧困难。健美操对大学生身体协调性、节奏性有较高要求,学生要按标准规范完成动作有一定的难度,所以在教学中要针对学生克服困难的能力进行训练,磨砺学生的意志力,并引导学生将这种意志品质迁移到其他学习与生活中,战胜学习与生活中的困难,不断进步与发展。

三、创新能力

健美操运动中蕴含的创新能力因素主要体现在健美操创编中。对于健美操而言,创编有时起到决定性作用,创编的优劣直接关系到锻炼效果、观感和影响力。创新是健美操创编的生命之源,它要求动作有亮点、节奏有变化、动作丰富、过度连接流畅等。在健美操创编教学中,应教育学生遵循创编原则和要求,并给学生提供一定的自主发挥空间发挥学生的创新能力,培养学生的创新思维,这样可以促使学生积极思考,进一步融入课堂教学,并使学生通过创新性的创编而进一步理解健美操运动,提升其自主创新能力。

四、规则意识

健美操竞赛和裁判要求学生了解健美操竞赛的基本规则,掌握组织流程,熟悉裁判工作。学生通过学习健美操竞赛规则,可以逐渐提高遵守规则的意识,形成守规则的好习惯,从而在社会生活中也能自觉遵守社会规范与规章制度。学生学习健美操竞赛章程,能够锻炼自己的独立自主能力、组织管理能力和社会适应能力,而通过学习健美操裁判准则,又能认识到作风正派、一视同仁、公平公正的重要性,从而形成高尚的道德品质,成为有正义感的人。

五、审美能力

当前,新兴时尚健美操广泛流行,如啦啦操、搏击操、街舞、踏板操等。高校为开阔大学生眼界,应在传统健美操教学的基础上引进新兴健美操项目,使学生了解、欣赏、参与这些项目,并从中获得美的享受。这些新兴健美操教学内容不仅能够丰富健美操教学内容,活跃课堂氛围,提升学生学习的积极性,还能更好地培养学生的审美意识与能力。

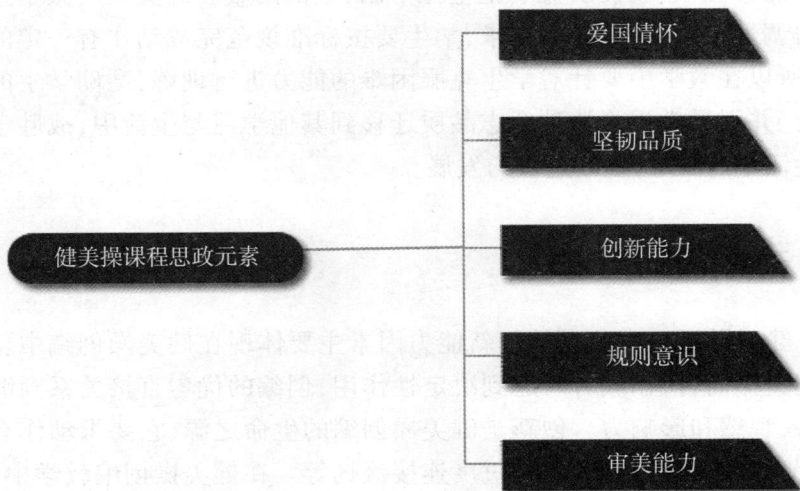

图 9-4 健美操课程思政元素

第三节　高校健美操课程思政建设的思考

一、拓宽健美操的教学思路

（一）转变教学观念

当前很多高校的健美操课程教学还是沿用以往的教学大纲,以技能训练和成套动作训练为教学的主要内容,思政元素融入不足。这和教师自身的思政水平较低有关,也和教学理念落后、教学思路狭隘有关。因此,在建设健美操课程思政时,要从原来的观念中走出来,强化课程思政建设,使健美操教学焕发新的风采,教学内容维度更为丰富,让学生在掌握健美操技能的同时还能思考以前不曾思考的价值观、世界观等问题,使学生的学习生活更加立体、生动和全面。总之,在课程思政思想的指导下,应及时转变教学理念,不断适应新的教学需要。

（二）寻找丰富的教学素材

将思政教育融入健美操教学本身具有相当的难度,并非只是增加思政教学内容那么简单,更不是在原有教学内容中象征性地,或者蜻蜓点水式地加入思政元素而已,而是要从改变教学理念、教学思路开始,并积极寻找更多、更新的素材。

教师要善于在健美操教学资源中挖掘合适的思政教育价值突出的教学素材,利用这些素材既能够向学生传授健美操专业知识与技能,又能够突出体现思政教育的重要性。

二、从思政元素着手优化教学方法

（一）改进现有教学方法

在健美操教学中增加思政元素，还需要从教学方法的角度入手，选择适合的方式，使思政教学更加自然流畅，让学生在不知不觉中思考和健美操学习内容、自身生活与成长息息相关的思政内容。为此，需要对健美操现有的教学方法进行改革与创新。

健美操教师在选择采用教学方法时，应敢于突破，有意识地对不能满足现有教学要求的教学方法进行改革与优化，将新的方法、手段融入教学中，发挥思政教育的引领作用，使整堂课更具情感与活力，从而提升学生的学习积极性和主动性。

（二）采用先进信息手段

现代信息手段高度发达，健美操教师应该主动探索常规教学方法之外的新兴技术。因为思政教育理念的引入会对教学方法提出更高的要求，健美操活动不仅涉及身体的运动，还包含音乐、造型、服装等多种元素，这对健美操课程思政建设构成有利局面，只要教师敢于创新，在每个元素中寻找更多的教学切入点，便能够更好地挖掘和呈现健美操运动中的德育元素，发挥健美操的德育功能。

（三）从思政角度拓展教学方法

在健美操教学中引入思政元素，要求教师根据学生的性格特点和成长情况进行有针对性的教学，从思政教育的角度切入选择适宜的健美操教学方法。比如，有一些学生个性比较强，喜欢张扬自我却缺乏协作精神，这样不仅不利于他们的健美操学习，而且对个人的学习、成长，以及未来的工作和社会交往都会造成消极影响。对此，教师可以从培养集体荣誉感和团队协作能力的角度，设计要求学生协作完成任务的教学方法，让学生体会彼此合作的重要性。并且，在教学过程中，教师还要适时地进行引导，促进学生能够自发地转变固有的习惯，认识到独木不成林,一个人的能力是十分有限的,要想获得更大的成就,必须要和其他人建立良好的关系,形成积极的互动或者互助的纽带。

三、确立课程思政评价标准

健美操教师通过对教学过程的评价,对教学过程中的优劣势问题有一个具体的认识,以此检测教学效果,这对教师优化教学内容具有重要参考价值和指导作用。教师可根据考核的结果调整与完善健美操课程思政教学计划。高校健美操教学评价与学生身体素质、道德素质的发展有着紧密的联系,在健美操教学考核评价标准中要很好地融入思想政治教育的理念,提高综合评价的整体效果。

（一）合理设置考核评价内容

目前高校在课程思政方面没有具体的评价标准体系,考核内容不完善。为了在高校健美操教学中更好地评价课程思政的实施情况,具体可以从理论知识的掌握、道德表现、技术能力的提高等方面进行考察和评价。

关于理论知识的掌握情况,主要是对学生健美操理论知识水平的书面考核,如掌握健美操发展历史、健美操规则的情况,在评价中培养规则意识以及爱国精神。

德育表现考核主要是对学生日常表现的考核,可以从尊重教师、遵守纪律、意志品质等方面进行考核。

关于技术能力提高的考核,主要是对学生参与健美操活动的实践层面的评价,健美操技术的掌握情况是对学生健美操技术熟练程度、套路完整性和表现力的综合考核,主要结合学生课堂表现、参加比赛、创编展示等进行综合评价。例如:

在学习难度动作过程中,是否克服心理障碍,体现顽强拼搏、自主学习精神;在操化练习中,是否表现出坚忍顽强的意志品质;在小组创编考核中,是否体现积极向上的体育道德、团队合作意识以及集体主义精神;在参赛中是否体现爱国情怀、职业素养、意志力等,是否正确处理竞争与合作的关系等。

针对不同教学内容设置相应的评价标准,从而展开对学生的全方位评价,以此检验课程思政与健美操教学的协同发展效果。

（二）评价方法多样化

目前高校体育教学评价还是以基本的教学评价方式为主,以理论、技能、情感目标为主要维度。但在思政教育理念下,要拓展原来的评价维度与方法,讲求评价方法多样化。高校应重视健美操思政教学评价问题,加快推进健美操思政教学顺利开展。既要重视对学生价值观的督促培养,也要强化德育目标的设置,评价方法要多元,考核标准要科学,具体要做到以下两点。

第一,鼓励学生之间互评,教师可以采用打分制来进行评价,德育表现由于不可量化,可以通过制定指标,参考等级量表形式进行评价打分,如学生学习状态、教学效果、情感目标的完成、综合能力的评价等,在纠错环节,引导学生改正动作,从是否激发斗志、增强自信心等多方面进行考核评价。

第二,通过师生互评的比较与量化,以思政育人评价为引领,从理论知识、技能和情感育人等方面全面客观地评定,从而体现健美操思政教学育人实效。

四、提高健美操教师的思政意识

在以往的健美操教学中,更多的是针对健美操本身进行教学,因此对健美操教师的思政意识和水平也没有具体的要求。但是随着课程思政的提出,明确要求加强教师的思政素养培训,提升其思政水平和相应的教学能力,在原本的专业教学中融入适宜的思政元素,并寻找合适的教学手段使教师在实践中提升思政教育能力。健美操教师的思政意识是在健美操教学中融入思政教育的前提,只有健美操教师达到了一定的思政水平,才能对学生开展德育,才能更加灵活生动地在教学中融入课程思政元素,对学生产生潜移默化的影响。总之,要落实健美操课程思政建设,就需要特别重视培养健美操教师的思政意识、提高思政教育水平。

当前,由于健美操教师自身的思政意识和水平不足,导致其在教学过程中融入思政内容就显得十分生硬,可想而知也不会产生理想的效果,总之健美操思政教育是一种浮于表面的思政教育。对此,应通过以下路径来提升健美操教师的思政意识与教学水平。

（一）加强对教师的日常培训

提高健美操教师的思政意识,需要从日常的业务培训中抓起。学校对体育教师一般都会定期组织培训,以往这些培训活动主要围绕提高教师的专业技能或者教学技能而展开。今后,在常规培训中,还要加强对教师思政意识和水平的培训。教师的思政水平直接决定着健美操课程思政的质量,以及对学生思政素质的培养效果。只有不断对健美操教师加强思政和专业相结合的培训,才能快速而有效地提高健美操教师的思政意识。

（二）鼓励不同学科教师的交流

高校应定期组织不同学科教师之间的交流沟通活动,建立教师合作交流平台,使体育教师与思政教师有机会相互交流,相互分享教学经验,取长补短。健美操教师应借助这一机会主动与思政教师交流,向他们学习经验,以便在健美操教学中更好地实施思政教育。

参 考 文 献

[1] 方武 . 课程思政与高校体育课堂教学的融合研究 [M]. 北京：中国纺织出版社,2022.

[2] 钱利安 . 课程思政视域下体育与新时代大学生思想道德素质养成的理论研究与实践调查 [M]. 北京：九州出版社,2021.

[3] 徐杰,娄震 . 课程思政视域下的高校体育教学研究 [M]. 北京：九州出版社,2021.

[4] 付超,庞晓东,梁晓倩 . 课程思政教育理念引领下的高校体育教学改革与实践探索研究 [M]. 天津：天津社会科学院出版社,2022.

[5] 贾振勇 . 体育教学改革与实践应用探 [M]. 北京：新华出版社,2018.

[6] 张琦,柴猛 . 大学体育教学改革与创新 [M]. 长春：吉林科学技术出版社,2020.

[7] 杨艳生 . 体育教学改革与创新实践研究 [M]. 长春：吉林人民出版社,2021.09.

[8] 刘景堂 . 高校体育教学改革研究 [M]. 北京：中国纺织出版社,2019.12.

[9] 李洪芳,张迎宾 . 体育教学改革与发展动态研究 [M]. 北京：北京工业大学出版社,2020.

[10] 田雪文 . 现代信息技术下高校体育教学改革的审视 [M]. 长春：吉林出版集团股份有限公司,2021.

[11] 张松奎 . 体育教育学 [M]. 徐州：中国矿业大学出版社,2013.

[12] 李小娟,杨志仙,马春 . 高校健美操教学改革创新的策略研究 [M]. 北京：人民日报出版社,2016.

[13] 程晖 . 体育新课程背景下学校体育理论研究 [M]. 北京：科学出

版社,2016.

[14] 张楠.吉林省普通高校体育教学现状及对策研究 [D]. 吉林体育学院,2016.

[15] 王惠.大学体育翻转课堂模式构建 [J]. 鄂州大学学报,2023,30（02）：91-93.

[16] 肖林鹏.现代体育管理 [M].北京：北京体育大学出版社,2009.

[17] 顾圣益.现代体育管理学：基础与应用 [M].大连：大连理工大学出版社,2004.

[18] 毛振明.简明体育课程教学论[M].北京：北京师范大学出版社,2009.

[19] 韩月清.高校健美操教学模式改革研究 [M].长春：吉林大学出版社,2020.

[20] 曹丹.体育健康与体育教育学研究 [M].天津：天津科学技术出版社,2018.

[21] 张瑞先.课程思政背景下高校公共体育排球课程教学改革路径 [J].枣庄学院学报,2023,40（02）：121-126.

[22] 高勤,闫苍松,肖鸿鹰.体育专业"排球"课程思政建设的设计与实施 [J].大连大学学报,2022,43（02）：39-46.

[23] 杨思远,杨春卉,卞美月.排球课程中思政元素的挖掘及实践应用研究 [J].当代体育科技,2021,11（28）：116-119.

[24] 朱佳琪.高职排球课程中思政元素的挖掘与融入研究 [J].辽宁高职学报,2023,25（06）：42-46.

[25] 杨冠强.普通高校武术教学改革与创新研究 [M].沈阳：白山出版社,2014.

[26] 何红娟."思政课程"到"课程思政"发展的内在逻辑及建构策略 [J].思想政治教育研究,2017,33（05）：60-64.

[27] 胡华忠."课程思政"的价值意蕴、理念内涵和实现路径 [J].中国高等教育,2022（06）：10-12.

[28] 陈思.思政课程与课程思政同向同行发展的路径探索 [J].山西青年职业学院学报,2022,35（02）：93-95.

[29] 向延平.高校课程思政体系研究 [J].滨州学院学报,2021,37（01）：66-70.

[30] 姜亮,陈立农,谢书玉.新时代高校体育课程思政的特点、困

境及优化路径 [J]. 武术研究,2023,8（03）：123-125.

[31] 张程锋 . 体育课程思政研究回顾与展望 [J]. 体育教育学刊,2023,39（02）：1-9+95.

[32] 邵媛 . 体育课程思政的历史考察、时代价值与发展路径研究 [J]. 南京体育学院学报,2023,22（02）：61-66.

[33] 周洪芝 . 高校体育课程优化建设与思考 [J]. 科技风,2020(29)：63-64.

[34] 马忠颖 . 健康中国背景下的高校体育课程建设 [J]. 高教学刊,2020（25）：56-59.

[35] 张文静 . 高校公共体育课程思政建设的影响因素与推进策略研究 [D]. 山东大学,2023.

[36] 黄城昊 . 湖南省大学公共体育课程思政建设研究 [D]. 湖南工业大学,2022.

[37] 赵富学,黄莉,王相飞 . 高校体育课程思政建设质量督导与评测 [J]. 体育教育学刊,2022,38（01）：8-14+103.

[38] 陈晓雪 . "立德树人"视域下大学体育课程思政建设研究 [D]. 湖南工业大学,2022.

[39] 白楠 . 高校体育课程思政建设存在的问题及影响因素与发展策略研究 [J]. 青少年体育,2022（05）：31-33.

[40] 刘涛伟 . 高校公共体育武术课程思政实施路径研究 [D]. 河南科技学院,2022.

[41] 曹庆华 . 新时代高校武术课程思政建设探究 [J]. 武术研究,2022,7（11）：71-73.

[42] 刘丹 . "课程思政"理念下体育教育专业健美操教学优化研究 [D]. 西北师范大学,2023.

[43] 冯岩 . 高校健美操"课程思政"教学实施路径研究 [D]. 郑州大学,2022.

[44] 麻巧英 . 我国高校健美操教学现状及其效果提升路径研究 [J]. 当代体育科技,2020,10（32）：105-106+109.

[45] 宁宇航 . 北京市高等体育院校健美操教学中落实"课程思政"理念的发展对策研究 [D]. 首都体育学院,2022.

[46] 李亚丽 . 高校健美操教学中落实课程思政教育的实践路径探析 [J]. 品位·经典,2022（02）：143-145.

[47] 何玲玲. 大学体育与健康篮球课程思政教学设计的探索与实践 [D]. 山西师范大学, 2023.

[48] 李国巧. 课程思政融入大学公共体育篮球选项课程的教学设计与实践研究 [D]. 云南师范大学, 2022.

[49] 王丽, 李舒. 新时代高校篮球课程思政建设维度与实践路径研究 [J]. 当代体育科技, 2023, 13 (14): 118–121.

[50] 孙义. 高校篮球课教学现状及优化策略分析 [J]. 教育教学论坛, 2021 (39): 20–23.

[51] 徐福景. 武术教育传承十年路 [M]. 沈阳: 辽宁大学出版社, 2018.

[52] 彭志辉, 高红斌, 何亚丽. 文化全球化背景下的武术教育传承发展 [M]. 长春: 吉林大学出版社, 2017.

[53] 王运土. 文化视角下武术传承与教育研究 [M]. 中国大地出版社, 2019.

[54] 罗雪琳. 武术运动发展传承与教育 [M]. 延吉: 延边大学出版社, 2017.

[55] 张鲁燕. 普通高校健美操网络教学系统开发研究 [D]. 苏州大学, 2013.

[56] 王怡. 网络平台建设对健美操教学影响的研究 [D]. 中国海洋大学, 2015.

[57] 胡欢, 杨乙元, 杨欢, 等. 健美操网络教学平台设计与构建研究 [J]. 运动精品, 2021, 40 (12): 37–40.

[58] 查春华. 健美操网络课程设计及其教学实践应用的研究 [D]. 北京体育大学, 2005.

[59] 郝鑫. 郑州大学体育教育专业乒乓球专项课程思政教学设计研究 [D]. 郑州大学, 2022.

[60] 张晓钰. 体育教育专业乒乓球课程思政元素挖掘与融入设计研究 [D]. 河北师范大学, 2022.

[61] 刘慧敏. 高校体育课程思政设计研究 [D]. 哈尔滨工程大学, 2020.

[62] 王若楠, 吴攀文, 柳亚奇, 等. "一校一拳"视域下我国中小学武术教学改革探析 [J]. 长春师范大学学报, 2017, 36 (12): 93–96.

[63] 张建龙, 王炜. 体育教学方法优化组合的依据、原则与程序 [J].

新西部(下半月),2009(05):241+238.

[64] 崔文晶.卓越中学体育教师"三位一体"培养方案设计研究[D].山西师范大学,2016.

[65] 舒宗礼.中学卓越体育教师成长研究[D].北京体育大学,2016.

[66] 陈洋.体育教育专业网球课课程思政研究[D].重庆工商大学,2022.

[67] 李婉榕.大学体育网球课程思政路径探析[J].上海第二工业大学学报,2021,38(01):65-69.

[68] 杨亚慧."课程思政"视域下高校网球课程发掘思政元素探究[J].当代体育科技,2021,11(23):129-131.